站起来，别躺平

从停滞到突破的人生逆袭

望云叟 编著

内蒙古人民出版社

图书在版编目（CIP）数据

站起来，别躺平：从停滞到突破的人生逆袭 / 望云叟编著. -- 呼和浩特：内蒙古人民出版社, 2025.6.
ISBN 978-7-204-18581-8

Ⅰ. C913.3

中国国家版本馆 CIP 数据核字第 2025PQ4039 号

站起来，别躺平：从停滞到突破的人生逆袭

作　　者	望云叟
策划编辑	王　静
责任编辑	海　日
封面设计	施　军
出版发行	内蒙古人民出版社
地　　址	呼和浩特市新城区中山东路 8 号波士名人国际 B 座五层
网　　址	http://www.impph.cn
印　　刷	唐山楠萍印务有限公司
开　　本	710mm×1000mm 1/16
印　　张	10
字　　数	150 千
版　　次	2025 年 6 月第 1 版
印　　次	2025 年 6 月第 1 次印刷
印　　数	1—20000 册
书　　号	ISBN 978-7-204-18581-8
总 定 价	59.80 元

如发现印装质量问题，请与我社联系。
联系电话：（0471）3946120

前言 FOREWORD

在这个信息过载、竞争激烈的时代，似乎"躺平"成为了一种趋势。越来越多的年轻人选择放弃奋斗，甘于平庸，在虚拟世界中寻求慰藉，在舒适区里麻痹自我。他们喜欢用"佛系""咸鱼"等词汇作为自己的标签，用"内卷""996"为借口掩饰不作为的现象。然而，"躺平"真的能解决问题吗？逃避现实，真的能获得内心的平静吗？

答案显然是否定的。人生如同逆水行舟，不进则退。选择"躺平"的生活方式，只会让人逐渐沉沦，最终被时代的浪潮所淘汰。

这种群体性困顿背后，潜藏着更深刻的时代命题。教育部公布的数据显示，截至2024年，国家公务员报考人数已突破300万，创历史新高；猎聘网大数据揭示，超六成职场人存在"职业空心病"；某心理咨询平台统计显示，"存在主义焦虑"的咨询量三年增长了470%。这些数字折射出一个令人不安的真相：在技术革命与文明迭代的交汇点，工业时代建立的线性成长模式正在崩塌，而新的价值坐标系尚未完全建立。

有人将"躺平"归咎于时代重压，但这只是表象。更深层的危机，是我们在物质丰裕中逐渐丧失了对生命的热望。当算法精准"投喂"多巴胺，当"财务自由"被包装成人生解药，当"成功"的标准被压缩成社交媒体上的点赞数时，我们开始用"躺平"掩饰无力感。这不是反抗，而是一场悄无声息的自我缴械。

人类能够坚持不懈地探索自我，也就是知其不可为而为之的勇气，从未停止对未知世界的探索、对客观世界的改造。在成都的地下实验室，生物极客团队用基因编辑技术攻克罕见病；在景德镇的陶艺工坊，00后匠人将纳米材料融入传

站起来，别躺平——从停滞到突破的人生逆袭

统青花瓷烧制；在西双版纳的雨林深处，植物学家通过区块链确权保护濒危物种。这些散落在时代褶皱里的微光，拼凑出突破重围的路线图：真正的逆袭不是盲目内卷，而是跳出既定赛道的维度革命。

翻开这本书，就如同启动了一场精心策划的越狱行动。我们不会承诺给你标准答案，但会提供一套动态进化的认知工具；我们无法消除前行路上的迷雾，但会锻造破除虚妄的思考为利刃。正如尼采所说："当你凝视深渊时，深渊也在凝视你。"但本书想告诉你：深渊之外，还有星空。

此刻，请暂时放下手机，关闭那些推送焦虑的资讯，跟随这些文字完成一次思维的深潜。接下来的篇章里，我们将共同拆解那些困住你认知的锁链，在解构中重建，在破碎中新生。这不仅是关于职业突破的指南，更是一场重塑生命维度的思想实验。

站起来，不是为了迎合世俗的成功标准。别"躺平"，亦非盲目对抗生活压力。真正的逆袭，始于看清游戏规则后的清醒选择，成于重构价值坐标的创造性破坏。当旧大陆在身后沉没，让我们共同驶向充满可能性的新海域。

你是否也曾感到无助和迷茫，仿佛陷在生活的泥潭里动弹不得。你是否也曾想过"躺平"？在虚拟世界中寻求片刻的慰藉。但请记住，人生没有白走的路，每一步都算数。

"躺平"并不能解决问题，逃避现实只会让我们在时代的浪潮中被逐渐淘汰。而那些敢于直面挑战、勇于突破自我的人，才能在逆境中崛起，实现人生的逆袭。

CONTENTS 目 录

PART 1　躺平现象的多维审视 ·················· 1
　　躺平的定义与躺平现象的表现 ············· 2
　　躺平心态的成因剖析 ····················· 6
　　躺平对个人的消极影响 ··················· 9
　　不同群体对躺平现象的态度和表现差异 ····· 11
　　如何察觉自身躺平倾向 ··················· 15
　　摆脱躺平第一步的思考 ··················· 20

PART 2　停滞状态的剖析 ······················ 25
　　学业停滞的表现与原因 ··················· 26
　　职场停滞的常见情形与根源 ··············· 29
　　人际关系停滞的迹象与影响 ··············· 33
　　思维停滞的特点与后果 ··················· 36
　　生活习惯停滞的体现与危害 ··············· 39
　　突破停滞的关键切入点 ··················· 44

PART 3　逆袭的内在动力 ······················ 51
　　梦想的唤醒与坚守 ······················· 52
　　自我驱动力的激发与培养 ················· 54
　　责任感与使命感的树立 ··················· 57
　　积极情绪对逆袭的推动 ··················· 61
　　内心恐惧的克服与超越 ··················· 66
　　持续保持激情与提升 ····················· 69

PART 4	**行动策略的制定** ……………………………………… 75
	短期行动目标的明确与规划 ………………………… 76
	高效时间管理的方法与技巧 ………………………… 80
	学习提升计划的具体安排 …………………………… 86
	社交拓展行动的实践路径 …………………………… 90
	自我改变行动的细节把控 …………………………… 94
	行动反馈与调整的机制建立 ………………………… 99
PART 5	**突破瓶颈的智慧** …………………………………… 105
	思维定式的突破与创新 ……………………………… 106
	人际关系瓶颈的化解与拓展 ………………………… 109
	职业发展瓶颈的跨越与突破 ………………………… 115
	经济困境瓶颈的突破与改善 ………………………… 119
	健康瓶颈的突破与维护 ……………………………… 125
	跨越多重瓶颈的综合策略 …………………………… 127
PART 6	**拒绝躺平，再造人生新巅峰** ……………………… 133
	突破思维枷锁：从"我不行"到"我可以" ………… 134
	逃避还是觉醒：持续成长与突破的信念坚守 ……… 138
	点燃内心渴望：找到你的"人生北极星" ………… 141
	培养核心技能：打造你的"核心竞争力" ………… 144
	构建支持系统：寻找你的"人生加油站" ………… 147
	享受奋斗过程：在追求目标的过程中找到快乐 …… 151

PART 1

躺平现象的多维审视

躺平现象作为文化符号,它既是对传统文化的奋斗基因的反叛,也是现代人在高压社会中的一种自我保护机制。躺平不是简单的消极懈怠,而是对过度竞争、内卷化生存的理性反思。

躺平是一种无奈的选择,还是一种顺应现实的智慧选择?它究竟是消极的放弃,还是一种对生活的主动重构?让我们透过现象,探寻躺平背后的深层意义。

躺平的定义与躺平现象的表现

近来,"躺平"一词蹿红社交网络,成为描述青年生活态度的热门词汇。躺平现象不仅反映了部分年轻人对高压力、快节奏生活的消极应对,也折射出社会结构、经济环境、文化观念等多方面的深层次的问题。

一、躺平的定义

"躺平"一词的字面意思是选择不奋斗,不为社会既定目标而努力,而是选择一种更为简单、低欲望的生活方式。然而,其深层含义远不止于此。躺平现象反映了一种对现代社会高压生活方式的反思和反抗。在竞争激烈的社会中,许多人感到身心俱疲,无法承受持续的高强度工作和生活压力。因此,他们选择躺平,寻求内心的平静与安宁。

"躺平"现象的兴起与社会经济环境密切相关。许多人发现,无论他们如何努力,似乎都无法达到社会所期望的成功标准。这种无力感和挫败感导致"躺平",以此来逃避过度竞争和社会压力。

此外,躺平现象也反映了年轻一代对传统价值观的质疑和挑战。在传统观念中,成功往往与高收入、高地位和高消费联系在一起。然而,越来越多的年轻人开始质疑这种价值观,认为过度追求物质成功并不能带来真正的幸福和满足。他们更倾向于追求内心平静和生活质量,而不是盲目追求社会认可和物质财富。

总的来说,躺平现象不仅是一种生活方式的选择,更是一种对社会价值观的挑战和重新定义。

二、躺平现象的社会背景和原因分析

躺平现象的出现并非偶然,而是与当前社会的经济压力、工作环境、教育体系以及文化价值观等多方面因素密切相关。

经济压力是导致躺平现象的重要原因之一。随着全球化和经济的发展，生活成本不断上升，尤其是住房、教育和医疗等基本生活需求的费用大幅增加。许多年轻人发现，即使他们努力工作，也难以负担起这些基本生活开支。这种经济上的无力感导致"躺平"，放弃追求高收入和高压力的生活方式，而是选择简约低消费生活。

工作环境的变化通过竞争内卷化和晋升机会稀缺两大核心机制推动躺平现象。现代职场竞争激烈、工作压力大，许多人面临着长时间工作、高强度任务和不确定的职业前景。这种高压的工作环境使得许多人无法承受持续的工作压力。在这种情况下，他们选择通过"躺平"，以减轻自己的压力。

教育体系对个人发展的影响也不容忽视。在许多国家，教育体系过于注重学术成果和竞争，忽视了学生的全面发展和个性培养。这种教育模式使得许多学生在成长过程中承受了巨大的压力，导致他们在进入社会后对竞争和压力产生强烈的反感。

文化价值观的变迁也对年轻人躺平现象产生影响。传统社会推崇奋斗、成功与物质积累，而当代文化更强调个体幸福、生活平衡与自我实现。消费主义制造的焦虑与阶层固化压力，使部分年轻人对竞争感到无力，转而选择低欲望生活。这种变迁既是年轻人对异化劳动的反抗，也折射出社会价值观从集体主义向个体主义的转向。

此外，社交媒体和互联网的普及使得"躺平"这一概念得以迅速传播和扩散。通过社交媒体，年轻人可以分享他们的生活态度和价值观，找到志同道合的人，形成一种新的文化潮流。这种文化潮流进一步推动了躺平现象的传播和发展。

综上所述，"躺平"现象的出现是多种因素共同作用的结果。经济压力、工作环境、教育体系和文化价值观的变迁都为躺平现象的产生和传播提供了土壤。了解这些背景和原因，有助于我们更全面地认识躺平现象，并思考如何应对这一社会现象。

三、躺平现象的具体表现

躺平现象在现实生活中有许多表现，它涵盖了工作态度、生活方式、消费观念以及社交行为等多个方面。

在工作态度上，躺平一族往往表现出对职业发展的低期望和低投入。例如，一些年轻人选择从事简单的手工劳动或服务行业，虽然收入不高，但工作压力小，生活节奏较为舒缓。这种工作态度的转变，反映了他们对传统职业成功标准的质疑和挑战。

在生活方式上，躺平一族倾向于选择简单、低消费的生活模式。例如，一些人选择居住在租金较低的城市郊区或乡村，减少不必要的开支，过着自给自足的生活。他们可能会自己种植蔬菜、养鸡养鸭，减少对外部市场的依赖。这种生活方式不仅降低了生活成本，也让他们有更多的时间享受生活，追求内心的平静。

在消费观念上，躺平一族表现出对物质欲望的克制和理性消费的态度。他们不再盲目追求名牌和奢侈品，而是注重实用性和性价比。例如，一些人选择购买二手商品或租赁物品。他们可能会通过共享经济平台，如共享单车、共享汽车等来满足日常需求，而不是购买新的物品。这种消费观念的转变，不仅减少了经济压力，也符合他们对环保和可持续发展的理念。

在社交行为上，躺平一族往往表现出对社交活动的低参与度和对人际关系的低期望。他们不再热衷于参加各种社交活动和聚会，而是选择与少数志同道合的朋友保持联系。例如，一些人选择通过线上社交平台与朋友交流，减少面对面的

PART 1　躺平现象的多维审视

社交活动。他们可能会加入一些兴趣小组或社区，与有共同兴趣的人交流，而不是广泛社交。这种社交行为的转变，反映了他们对人际关系的新理解，即注重质量而非数量。

总的来说，躺平现象在现实生活中有着多种具体表现。这些表现及现象的出现，既是对高压社会环境的消极反抗，也折射出当代青年面临的深层困境。

四、躺平现象对个人及社会的影响

躺平现象对个人和社会的影响是多方面的，既有积极的一面，也有消极的一面。

对个人而言，躺平现象可能带来一定的心理和生理健康益处。选择"躺平"的人减轻了工作压力，从而有助于改善心理健康。例如，一些研究表明，适度的工作压力和休息时间可以降低抑郁症和焦虑症的发病率。此外，躺平一族通过选择低消费和简单的生活方式，从而有更多的时间和精力关注自身的健康和幸福。然而，长期躺平也可能导致个人缺乏动力和目标感，进而影响自我实现和成就感。例如，一些人可能会因为长期不工作或低投入工作而感到生活乏味。

在经济层面，躺平现象对劳动力市场和消费市场产生了显著的影响。躺平一族选择低投入工作和低消费生活，可能会导致劳动力市场的供给减少，进而影响经济发展。例如，一些企业可能会因为缺乏高技能和高投入的员工而面临生产效率下降的问题。此外，低消费生活模式可能减少对消费市场的需求，影响经济增长。然而，躺平现象也可能催生新的经济模式和市场机会。例如，共享经济和二手市场的兴起，正是躺平一族低消费生活方式的体现，这些新兴市场为经济发展提供了新的动力。

在社会层面，躺平现象对社会结构和文化价值观产生了深远的影响。躺平一族对传统成功标准的质疑和挑战，可能促使社会重新定义成功和幸福的内涵。此外，躺平现象可能促使社会更加关注工作与生活的平衡，推动政策制定者出台更多有利于员工福利和健康的政策。然而，躺平现象也可能导致社会分化，加剧社会不平等。例如，一些人可能因为选择躺平而无法获得足够的经济资源，进而影响他们的生活质量和社会地位。

综上所述，躺平现象作为一种新的社会现象，反映了人们对高压生活的抵抗。通过对躺平的定义、社会背景、具体表现及其对个人和社会的影响的深入分析，我们可以看到，当年轻人选择躺平，主动退出竞争、消解欲望时，其背后暗含着对现代性发展逻辑的深刻质疑。未来，随着社会的发展和变化，躺平现象可能会继续演变，我们需要进一步研究和探讨其发展趋势和应对策略，以促进社会的和谐与进步。

躺平现象是当今社会面临的一个重要问题。面对躺平现象，社会、政府、企业和个人都需要采取积极的策略，以应对这一现象带来的挑战。通过减轻社会压力、完善社会保障、改善工作环境、调整心态与目标等多方面的努力，帮助年轻人走出躺平的困境，实现更为积极、健康的生活状态。

躺平心态的成因剖析

躺平现象的出现，引发了社会各界的广泛讨论。躺平心态不仅是个体选择，更是对社会现状的回应和反思。这种心态的流行，折射出当代年轻人在面对社会压力、经济困境和文化变迁时的无奈与迷茫。

所谓"躺平"，并非字面意义上的"放弃"，而是一种对高压生活节奏的消极抵抗，是一种选择性地减少个人奋斗、降低生活期望的应对策略。

躺平心态的兴起，与社会环境的巨大压力密不可分。首先，社会竞争日益激烈，尤其是在教育、就业等领域，年轻人面临着前所未有的压力。无论是高考、考研，还是求职、晋升，竞争都异常激烈，许多人感到力不从心。其次，社会资源分配不均，贫富差距扩大，使得许多年轻人感到上升通道正在变得越来越狭窄，难以通过自身努力改变命运。此外，社会价值观的转变也是一个重要因素。

经济压力是年轻人选择躺平心态的重要因素之一。首先，高房价与生活成本压力让许多年轻人感到不堪重负。在许多大城市，房价高企，年轻人即使努力工作也难以负担起一套属于自己的住房。其次，就业市场的竞争激烈，许多年轻人面临着就业难、薪资低的问题。即使找到工作，也往往面临着高强度的工作压力和不确定的职业前景。此外，经济下行压力增大，全球经济不确定性增加，使得许多年轻人对未来充满焦虑和不安。

文化的影响在塑造年轻人躺平心态方面也有着重要作用。首先，传统价值观与现代价值观的冲突使得许多年轻人感到困惑和迷茫。这种冲突使得许多年轻人在追求成功和追求幸福之间难以取舍。其次，网络文化的影响也不容忽视。社交媒体和网络平台上充斥着各种成功学和励志故事，但这些故事往往与现实生活脱节。此外，消费文化的盛行也使得许多年轻人感到压力。广告和媒体不断鼓吹高消费和高品质生活，使得许多年轻人感到自己无法达到这些标准，从而选择躺平。

心理因素在躺平心态形成中同样起到了关键作用。首先，自我认知与期望的落差使得许多年轻人感到无力和失望。许多年轻人在成长过程中被灌输了一种只要努力就能成功的观念，但现实往往并非如此。其次，心理健康问题的增加也是一个重要因素。随着社会压力的增加，许多年轻人面临着焦虑、抑郁等心理健康问题，这些问题使得他们难以积极面对生活和工作。此外，社会支持系统不足也使得许多年轻人感到孤立无援。家庭、朋友和社会支持不足，使得许多年轻人在面对压力和挑战时感到无助，从而选择躺平。

躺平心态的兴起对社会和个人都产生了深远的影响。首先，对社会而言，躺平心态可能导致劳动力市场萎缩和社会活力下降。许多年轻人选择低欲望、低消耗的生活方式，不再积极追求职业发展和经济成功，这可能导致社会整体生产力和创新能力的下降。其次，对个人而言，躺平心态可能带来短期的心理放松，但长期来看，可能导致职业发展停滞、生活质量下降，甚至会加剧心理健康问题。

面对躺平心态，社会和个人都需要采取积极的态度和行动来应对。首先，社会应对年轻人提供心理支持和职业指导，帮助他们树立正确的价值观和职业观。其次，政府应通过政策调控，改善住房、就业等民生问题，减轻年轻人的经济压力。此外，企业也应关注员工的心理健康，提供更多的职业发展机会和福利保障，增强员工的归属感和幸福感。

对个人而言，个人应积极调整心态，树立合理的生活目标和期望。通过学习提升自身能力，增强应对社会竞争和压力的能力。同时，建立良好的社会支持系统，寻求家庭、朋友和社会的帮助，共同面对生活中的挑战。

躺平心态的产生并非偶然，而是多种因素共同作用的结果，主要包括社会结构、经济压力、文化影响和心理因素。这一现象反映了当代年轻人在面对巨大社会压力和生活挑战时的无奈和选择。然而，躺平并非解决问题的根本之道，通过政策调控、社会支持和自我调整，共同创造一个更加公平、健康和充满活力的社会环境。只有这样，才能真正缓解躺平心态，促进社会的可持续发展。

面对社会压力，躺平心态虽能短暂逃避现实，但长远来看并不可取。消极避世不仅无法解决问题，还可能错失个人成长的机会。社会竞争固然激烈，但积极应对才是突破困境的正确方式。

年轻人应当树立积极的心态，将压力转化为动力。通过持续学习、提升技能，在竞争中占据主动。通过脚踏实地、勤奋努力，逐步实现目标。历史证明，社会的进步源于无数个体的拼搏与奉献。拒绝"躺平",以乐观和坚韧面对生活,才能赢得真正的尊重与成就,让人生更有意义。

躺平对个人的消极影响

"躺平",这种看似轻松的生活哲学,实则折射出深层次的社会问题。躺平主义主张在高压社会中选择最低限度的生存方式,放弃奋斗与追求,以消极的态度面对生活。这种现象的蔓延,不仅影响个人发展,对社会进步也会产生深远影响。在物质生活日益丰富的今天,精神追求的缺失正在成为阻碍个人成长的最大障碍。

躺平表示放弃主动奋斗,选择放松、顺其自然的生活方式。这种生活态度表现为工作上的敷衍了事,生活中的得过且过,以及对未来的漠不关心。在职场中,躺平者满足于完成基本任务,拒绝额外付出。在生活中,他们降低物质需求,减少社交活动,过着简单重复的日子。

这种生活态度的形成主要受制于社会环境。高房价、就业压力、阶层固化等现实问题,使年轻人感到奋斗无望。社交媒体上充斥的成功学鸡汤与现实的巨大落差,进一步加剧了这种无力感。于是,选择躺平成为了一种自我保护机制,用以缓解现实压力。

躺平主义这种生活态度往往伴随着对社会问题漠不关心,放弃了对社会发展的责任。人生缺乏明确的方向和追求,容易陷入空虚和迷茫的情绪中。没有目标的生活就像一艘没有舵的船,随波逐流,最终可能导致精神上的萎靡不振,甚至引发心理健康问题。

从心理学的角度来看,躺平主义可以被视为一种习得性无助心理的表现。当个体觉得无法成为环境改变的动因的时候,就会产生"无论如何努力都无法改变现状"的绝望感，继而导致放弃努力的一种心理状态。这种心理状态如果持续下去，将导致个人能力的全面退化。

躺平主义最直接的危害是导致个人能力退化。在长期的低水平重复中，个人的专业技能、创新能力、解决问题的能力都会逐渐下降。大脑如同肌肉，需要不断锻炼才能保持活力。躺平者的认知能力会因缺乏挑战而逐渐退化，最终失去应对复杂问题的能力。

职场中躺平者的竞争力会持续下降。他们可能暂时获得安逸，但随着时间的推移，将面临被淘汰的风险。现代社会要求从业者不断学习新知识、掌握新技能，而躺平者显然无法适应这种要求。

人际交往能力退化同样值得关注。躺平者往往选择独处，减少社交活动。这种自我封闭会导致社交技能的退化，影响情感表达能力，最终可能陷入孤独的困境。人是社会性动物，良好的人际关系是心理健康的重要保障。

要突破躺平困境，首先需要重建价值认知。个人应该认识到，生命的意义不仅在于物质享受，更在于自我实现。通过设定切实可行的目标，逐步建立成就感，可以重新激发生活的动力。

培养成长型思维模式至关重要。这种思维模式认为能力可以通过努力得到提升，挫折是成长的机会。通过持续学习新技能、接受新挑战，个人可以不断突破自我局限，实现能力提升。

躺平主义看似是一种自我保护的方式，实则是个人发展道路上的陷阱和危险。它不仅消解个人能力，更会侵蚀精神追求，最终导致生命质量的全面下降。每个人都应该认识到，生命的意义在于不断突破自我，在奋斗中实现成长。只有摒弃躺平心态，以积极的态度面对生活，才能在充满挑战的时代中找到属于自己的位置。

躺平被视为对过度竞争的反抗，社交媒体放大了对"成功"的焦虑，但也提供了躺平的合理化叙事。首先，躺平会削弱个人能力与竞争力。在快速变化的时代，停滞意味着落后，唯有持续学习与适应，才能把握机遇。其次，消极态度会影响心理健康，长期的低欲望状态可能导致自我封闭，甚至陷入虚无感。相反，主动规划人生、设定合理目标，才能找到真正的价值感。

不同群体对躺平现象的态度和表现差异

"躺平"作为一种亚文化，需要引起人们的重视。尽管躺平现象普遍存在于年轻人的群体中，但不同群体在对躺平现象的成因、表现和影响上存在显著差异。躺平不仅仅是一种生活态度，更是一种对社会压力和社会期望的应对。

一、青年群体对躺平现象的态度和表现

青年群体选择躺平现象尤为显著，其背后有着多重原因。经济压力是青年躺平的主要推手之一。随着房价、教育费用和生活成本的不断攀升，许多年轻人感到无力承担这些沉重的经济负担。他们发现，即使努力工作也难以实现传统意义上的成功，如购房、结婚和生子。这种无力感促使一部分年轻人选择躺平，即不再追求高强度竞争和物质积累。

社会期望与现实之间的巨大鸿沟，是青年选择躺平的核心动因之一。社会和家庭往往对年轻人的期望很高，希望他们在学业、事业和家庭方面都能取得卓越成就。然而，现实中的机会并不均等，竞争异常激烈。许多年轻人感到难以满足这些期望，进而选择放弃，不再为达到这些标准而努力。他们通过降低期望值，减少社会压力，从而获得心理上的解脱。

当代青年躺平现象的核心驱动力之一是一元价值观走向多元价值观。随着社

会的发展，越来越多的年轻人开始反思传统成功的定义。他们不再将物质财富和社会地位视为唯一的成功标准，而是更加注重个人的幸福感和生活质量。这种价值观的转变使得他们更倾向于选择一种低压力、低消费的生活方式，即使这意味着放弃一些传统意义上的成功。

青年躺平的表现形式多种多样。在职业选择上，许多年轻人不再追求高薪高压职业，而是选择相对轻松、自由度较高的职业，如自由职业者、兼职工作或创业。他们更注重工作的意义和个人兴趣，而非单纯的物质回报。在生活方式上，躺平青年往往选择简朴的生活，注重精神生活的丰富和个人成长。

青年躺平现象对个人和社会都带来了诸多影响。对个人而言，躺平可以减轻心理压力，提高生活质量，但也可能导致职业发展停滞、社会竞争力下降。对社会而言，青年躺平现象可能对劳动力市场产生影响，阻碍地区经济发展和社会稳定。因此，正确理解及应对青年躺平现象，需要全社会的共同努力。

职业发展瓶颈也是导致职场人士选择躺平的重要原因之一。许多职场人士在职业生涯中会遇到瓶颈期，感到晋升无望或职业前景不明朗。这种停滞感使得他们失去奋斗的动力，选择躺平。此外，一些职场人士在经历多次职业挫折后，开始怀疑自己的能力和价值，进而选择放弃努力，接受现状。

二、职场人士对躺平现象的态度和表现

职场人士躺平的表现形式多种多样。在工作态度上，躺平的职场人士往往表现出消极怠工、缺乏主动性和创新精神。他们不再积极参与公司的各项活动和项目，而是选择敷衍了事，完成任务即可。在职业规划上，他们不再设定高远的职业目标，而是满足于当前的职位和收入，不再追求进一步的职业发展。

职场躺平现象对企业和个人职业前景都产生了负面影响。对企业而言，员工的躺平现象可能导致工作效率下降、创新能力减弱，进而影响企业的竞争力和发展。对个人而言，可能导致职业发展停滞、技能退化，甚至影响个人的心理健康和生

活质量。

因此，企业和个人都需要正视职场躺平现象，积极采取应对措施。企业可以通过改善工作环境、提供职业发展机会和心理支持，激发员工的工作热情和创造力。个人则需要重新审视自己的职业目标和价值观，寻找工作的意义和动力，避免陷入长期躺平的状态。

三、中老年群体对躺平现象的态度和表现

中老年群体的躺平现象同样不容忽视，其背后深层原因和表现形式与青年和职场人士有所不同。健康问题是中老年群体选择躺平的主要原因之一。随着年龄的增长，身体机能逐渐衰退，许多中老年人面临各种健康问题，如慢性疾病、体力下降等。这些健康问题使得他们难以继续高强度的工作和生活，不得不选择躺平，即减少活动量、降低生活期望，以维持身体健康。

经济状况也是影响中老年群体躺平的重要因素。许多中老年人在退休后，收入来源减少，经济压力增大。面对有限的养老金和储蓄，他们不得不降低生活标准，减少消费。这种经济上的压力使得他们难以继续追求高质量的生活，只能选择躺平。

家庭责任的变化也在推动中老年群体躺平。随着子女成年和独立，许多中老年人感到肩上的家庭责任减轻，不再需要为子女的教育、婚姻等大事操心。这种责任感的减轻使得他们更倾向于选择一种轻松、自在的生活方式，不再为家庭琐事奔波劳累。

中老年群体躺平的表现形式多种多样。在生活方式上，他们往往选择简朴的生活，注重养生和健康。在心理状态上，他们更倾向于接受现状，不再追求高远的目标，而是享受当下的平静和安宁。

中老年躺平现象对家庭和社会关系都会造成不良影响。对家庭而言，中老年

人的躺平可能减轻子女的负担，但也可能导致家庭关系的疏远和情感支持的减少。对社会而言，中老年躺平现象可能带来劳动力市场结构的变化，影响经济发展和社会稳定。

四、不同群体选择躺平的差异

不同群体选择躺平在原因、表现形式和影响上存在显著差异。青年群体的躺平主要源于经济压力、社会期望和个人价值观的变化，表现形式多为选择低压力职业和简朴的生活方式，可能会影响个人职业发展和社会劳动力市场。职场人士的躺平则更多由工作压力和职业发展瓶颈所驱动，表现为消极怠工和满足现状，将影响企业效率和员工职业发展。中老年群体的躺平则主要由健康问题、经济状况和家庭责任变化引起，表现为过简单朴素的生活和在心理上接受生活的现状，将会影响家庭关系和社会经济结构。

尽管各群体的躺平现象有所不同，但它们都反映了现代社会中不同年龄段群体所面临的压力和挑战。无论是青年、职场人士还是中老年人，都在不同程度上感受到经济、社会和家庭的多重压力，选择躺平作为一种应对策略。这种共同点揭示了躺平现象的普遍性和复杂性，需要社会各界共同关注和应对。

躺平现象在不同群体中呈现出不同的特点，其背后反映了社会压力、经济环境和个人价值相互交织。

面对躺平现象，社会各界需要给予更多的理解和支持。政府应通过政策调控，减轻各群体的经济压力，提供更多的职业发展机会和心理支持。企业应改善工作环境，激发员工的工作热情和创造力。家庭和社会应给予中老年人更多的关爱和支持，帮助他们应对健康和经济上的双重挑战。个人则需要重新审视自己的价值观和职业目标，寻找生活的意义和动力。

躺平现象在不同群体中的表现呈现出显著差异，这些差异反映了不同群体在面对社会压力、经济困境和文化变迁时不同的应对方式。通过深入探讨不同群体躺平现象的差异，我们可以更好地理解这一现象，并采取相应的策略。总之，躺平现象是一个复杂的社会问题，需要多维度的分析和应对。只有通过全社会的共同努力，才能有效缓解躺平现象带来的负面影响，促进社会的和谐与进步。

如何察觉自身躺平倾向

躺平现象是一个较为复杂的社会问题，当经济增长与个体幸福日益割裂，当奋斗承诺与回报机制逐渐失效，躺平成为弱者最后的武器，也是社会系统失衡的尖锐警报。通过及时发现和察觉自身躺平倾向，并采取相应的应对策略，我们可以帮助自己走出躺平的困境。

躺平倾向的出现与社会环境密切相关。随着经济增速放缓、社会竞争加剧以及生活成本的不断上升，许多年轻人感到无法通过传统的努力和奋斗来实现理想中的生活。高房价、高教育成本、就业压力等问题使得许多人感到前途渺茫，进而选择躺平作为一种自我保护的方式。此外，社交媒体的普及也使得躺平文化迅速传播，越来越多的人在网络上分享自己的躺平经历和心得，进一步推动了这一现象的流行。

躺平倾向不仅仅是个人选择，而是多重因素共同作用的结果。例如，社会阶层固化、资源分配不均、工作环境恶劣等问题都促使人们选择躺平。躺平倾向的出现，某种程度上是对现有社会结构和价值观的一种反抗和反思。它提醒我们，需要关注和解决这些深层次的社会问题，而不仅仅是批评和指责选择躺平的个体。

一、躺平倾向的心理机制

躺平倾向的形成与个体的心理机制密切相关。首先，自我认知在躺平倾向中起着关键作用。当个体在面对持续的压力和挫折时，可能会逐渐形成一种消极的自我认知，认为自己无论怎样努力都无法改变现状。这种自我认知会进一步削弱个体的动力和信心，使其更容易选择躺平。

其次，动机缺失也是躺平倾向的重要心理机制之一。动机是驱动个体行动的内在力量，当个体感到目标遥不可及或努力得不到回报时，动机就会逐渐减弱。躺平倾向者往往缺乏明确的目标和追求，或者认为即使设定了目标也难以实现，因此选择放弃努力，转而追求一种低欲望、低压力的生活方式。

此外，情绪调节在躺平倾向中也是一个重要方面。面对压力和挫折，个体需要有效的情绪调节策略来应对负面情绪。然而，躺平倾向者往往缺乏有效的情绪调节能力，容易陷入消极情绪中无法自拔。选择躺平可以暂时缓解这些负面情绪，但从长远来看，这并不能真正解决问题，反而可能导致情绪问题的进一步恶化。

最后，社会比较与躺平倾向也存在显著关联。在社交媒体高度发达的今天，个体很容易与他人进行比较，尤其是与那些看似成功和幸福的人进行比较。这种情况比较容易导致个体的自我评价降低，产生挫败感和无力感，进而选择躺平作为一种逃避现实的方式。

二、躺平倾向的核心行为表现

躺平倾向的行为表现多种多样，这些表现不仅会影响个人的生活质量，还可能对个人的职业发展和人际关系产生深远的影响。首先，在职业发展方面，躺平倾向者往往表现出对工作的消极态度。他们可能会减少工作量，避免承担额外的工作，甚至对职业晋升和技能提升失去兴趣。这种态度不仅限制了他们的职业成长，还可能导致工作表现下降，进而影响职业稳定性和收入水平。

其次，关于躺平者在个人目标设定方面，躺平倾向者常因迷茫或逃避压力而缺乏明确目标。他们可能会放弃长期规划，转而追求短期的舒适和安逸。例如，他们可能不再设定职业目标、学习目标或个人成长目标，而是选择维持现状，避免任何可能带来的压力或挑战。这种行为模式不仅限制了他们的个人发展，还可能导致生活缺乏方向和意义。

在社交活动方面，躺平倾向者往往表现出社交退缩的倾向。他们可能会减少与他人之间的互动，避免参加社交活动，甚至对建立和维持人际关系失去兴趣。这种社交退缩不仅影响他们的社会支持网络，还可能导致孤独感和孤立感的增加，进一步加剧躺平倾向。

此外，躺平倾向者还可能表现出对生活质量的忽视。他们可能会减少对健康、饮食的关注，选择一种低质量的生活方式。例如，他们可能不再注重饮食均衡，减少体育锻炼，甚至忽视心理健康。这种行为不仅影响他们的身体健康，还可能导致心理问题的加剧，例如出现抑郁和焦虑的现象。

最后，躺平倾向者还可能表现出对未来的消极预期。他们可能会对未来感到悲观。这种消极预期不仅影响他们的决策力和行动力，还可能导致他们放弃可能改善生活的机会，进一步加剧躺平倾向。

三、自我评估与躺平倾向的识别

要识别自身的躺平倾向，首先需要进行系统的自我评估。自我评估可以帮助我们更好地了解自己的行为模式、心理状态和生活态度，从而及时发现潜在的躺平倾向。以下是一些具体的自我评估方法和工具：

（一）自我反思

定期进行自我反思是识别躺平倾向的重要方法。可以通过写日记或冥想的方式，回顾自己最近的行为和情绪状态。问自己一些问题，如"我最近是否感到缺乏动力？""我是否对未来感到迷茫？""我是否减少了社交活动？"等。通过这些问题，可以更好地了解自己的心理状态。

(二)目标的设定与评估

评估目标设定情况也是识别躺平倾向的重要方法。列出自己短期和长期的目标，并评估这些目标是否是具体、可衡量、可实现、相关和有时间限制（即SMART原则）的目标。如果发现自己缺乏明确的目标，或者目标过于模糊且不可实现，这可能是一个躺平倾向的信号。

(三)情绪状态评估

情绪状态是反映躺平倾向的重要指标。可以运用情绪日记或情绪追踪器应用程序，记录自己每天的情绪变化。如果发现自己经常感到沮丧、无助、焦虑或愤怒，这可能表明存在躺平倾向。此外，还可以使用一些标准化的情绪评估工具，如自评抑郁量表（SDS）和自评焦虑量表（SAS）来量化情绪。

(四)行为模式评估

评估行为模式是识别躺平倾向的有效方法。可以记录自己每天的活动，包括工作、学习、社交、锻炼等，并评估这些活动是否积极且有建设性。如果发现自己减少了积极的活动，增加了消极的活动（如长时间看电视、玩游戏等），这可能是一个躺平倾向的信号。

(五)社交互动评估

评估社交互动情况与识别躺平倾向具有关联。可以记录自己与他人的互动频率和质量，并评估这些互动是否积极和具有支持性。如果发现自己减少了社交活动，或者与他人的互动质量下降，这可能表明存在躺平倾向。

(六)生活质量评估

评估生活质量是识别躺平倾向的重要方法之一。可以记录自己的饮食、锻炼、睡眠等生活习惯，并评估这些习惯是否健康。如果发现自己忽视了健康和生活质量，这可能是一个躺平倾向的信号。

通过自我评估方法和工具，可以更好地识别自身的躺平倾向。一旦发现存在躺平倾向，应及时采取积极的措施来应对，如设定明确的目标、改善情绪状态、增加积极的活动、加强社交互动等。通过这些措施，可以有效减少躺平倾向。

四、应对躺平倾向的策略

一旦识别出自身的躺平倾向,采取积极的应对策略至关重要。以下是一些具体的应对策略,可以帮助个体重新找回动力和方向。

(一)设定明确的目标

明确的目标是驱动个体行动的内在力量。设定短期和长期目标,并确保这些目标符合 SMART 原则(具体、可衡量、可实现、相关和有时间限制)。例如,短期目标可以是每天完成一定量的工作任务,长期目标可以是在一年内获得某项专业认证。明确的目标不仅能提供方向,还能增强个体的成就感和动力。

(二)改善情绪状态

情绪状态对个体的行为和决策有重要影响。通过情绪调节策略,如正念冥想、深呼吸练习、运动等,可以有效缓解负面情绪,提升积极情绪。此外,寻求专业心理咨询或参加情绪管理课程,也能帮助个体更好地理解和调节自己的情绪。

(三)增加积极活动

积极活动不仅能显著提升生活质量,还能增强其成就感和幸福感。可以尝试参与一些具有建设性的活动,如学习新技能、参加志愿者活动、进行体育锻炼等。这些活动不仅能丰富个体的生活,还能增强其社会支持网络的质量。

(四)促进社交互动

社交互动是提升个体幸福感的重要因素。可以主动参加社交活动,如朋友聚会、社区活动、兴趣小组等,增加与他人互动的频率和质量。此外,建立和维持良好的人际关系,也能为个体提供情感支持和实际帮助。

(五)改善生活习惯

健康的生活习惯对身心产生深远影响。可以制定合理的饮食计划,增加体育锻炼,保证充足的睡眠,避免不良的生活习惯(如熬夜、过度使用电子设备等)。健康的生活习惯不仅能提升个体的身体素质,还能增强心理韧性。

(六)寻求专业帮助

如果躺平倾向对生活质量和心理健康产生了负面影响，那么寻求专业帮助是必要的。出现这种倾向可以咨询心理医生、职业顾问或生活教练，获取专业的建议和支持。专业人士不仅能提供个性化的解决方案，还能帮助个体更好地理解和应对自己的问题。

(七)培养积极心态

积极心态能有效应对躺平倾向。可以通过阅读励志书籍、观看励志视频、参加心理学课程等方式培养积极的心态。此外，学会感恩和欣赏生活中的小确幸，也能增强个体的幸福感和满足感。

通过以上策略，个体可以有效应对躺平倾向，重新找回生活的动力和方向。重要的是，这些策略需要有效实施和调整，才能取得长期的效果。希望这些建议能够帮助读者更好地理解和应对自身的躺平倾向。

躺平倾向是当代社会中一种值得关注的现象，它不仅影响个人的身心健康和生活质量，更揭示了社会结构、就业环境等多方面的深层次问题。通过系统自我评估和积极的应对策略，我们可以更好地识别和应对躺平倾向。希望这里的探讨能为读者提供有价值的参考。

摆脱躺平第一步的思考

躺平心态不仅是个人对无效努力的理性放弃，也是群体对主流成功标准的集体反思。然而，尽管躺平在一定程度上能够缓解短期的压力和焦虑，但从长远来看，这种心态对个人成长和发展的负面影响极其深远。因此，摆脱躺平心态，重新找回生活的动力和意义，对于个人的心理健康和职业发展具有重要意义。

躺平并不意味着字面上的"什么都不做"，而是指拒绝过度奋斗，选择一种低欲望、低成本的生活方式。然而，躺平并不能真正解决问题，反而可能让人陷入更深的迷茫和无力感。因此,如何摆脱躺平,成为了许多人需要思考的问题。

一、心理层面的思考

(一)重建自我认同

自我认同感是个人心理健康的重要组成部分。躺平者往往选择放弃努力、降低期望,这种消极的生活态度容易导致自我认同感的缺失。因此,摆脱躺平的第一步是重建自我认同。通过自我反思和心理咨询,重新认识自己的价值,找到自己在社会中的定位和角色。设定明确的生活目标和意义,提升生活的意义感和幸福感。

(二)提升心理韧性

心理韧性是个体在面对压力、挑战或逆境时,能够积极调整心态、快速恢复并持续适应的核心心理特质。躺平者往往选择逃避现实、放弃努力,这种消极的生活态度容易导致心理韧性下降。因此,摆脱躺平的第一步是提升心理韧性。通过积极的心态及应对策略,增强克服困难和挑战的勇气和信心。设定现实可行的目标,逐步实现,提升自我效能感和成就感。

(三)缓解焦虑及抑郁的情绪

躺平者往往感到压力巨大,对未来充满不确定性,甚至对生活失去信心。这种消极的生活态度容易导致焦虑、抑郁情绪的加剧。因此,摆脱躺平的第一步是缓解焦虑、抑郁的情绪。通过心理咨询和情绪管理,找到情绪的来源和应对策略。积极参与社交活动,加强与社会的联系。

(四)重新定义生活的意义

生活的意义是个人心理健康的重要支柱。躺平者往往感到自己在生活中缺乏明确的目标,选择躺平以应对生活中的迷茫和困惑。因此,摆脱躺平的第一步是重新定义生活的意义。通过自我反思和心理咨询,找到生活的意义和价值。

二、行为层面的思考

（一）调整职业方向选择与工作态度

躺平者在职业选择上往往放弃高竞争行业，转向压力较小的中小型企业或事业单位，甚至选择灵活就业而非传统职场。因此，摆脱躺平的第一步是调整职业方向选择与工作态度。通过职业规划和技能提升，找到适合自己的职业方向和目标。积极参与培训，提升职业技能和职业成就感。调整工作态度和职业目标，提升职业发展动力。

（二）改变消费观念与生活方式

躺平者在消费观念上呈现出低欲望、低消耗特点。因此，摆脱躺平的第一步是改变消费观念与生活方式。通过理性消费和财务规划，找到适合自己的消费方式和生活方式。

（三）积极参与公共事务，提升社会参与意识

躺平者在社会参与和公共事务上表现出冷漠态度。因此，摆脱躺平的第一步是积极参与公共事务。通过积极参与社会活动和公共事务，找到自己在社会中的定位和角色。调整参与社会公共事务的态度，激发社会参与的积极性和主动性。

（四）调整情感表达的方式与心理状态

躺平者在情感表达上往往表现出消极悲观的情绪。因此，摆脱躺平的第一步是调整情感表达的方式与心理状态。通过心理咨询和情绪管理，找到情绪的来源和应对策略。

三、职业层面的思考

（一）提升职业竞争力

职业竞争力决定个人在职场中的不可替代性和发展潜力。躺平者消极的生活态度容易导致职业竞争力下降。因此，摆脱躺平的第一步是提升职业竞争力。通过职业规划和技能提升，找到适合自己的职业方向和目标。

（二）把握职业发展机会

职业发展机会是个人能力与市场需求动态契合的节点。躺平者的生活态度容易导致职业发展机会丧失。因此，摆脱躺平的第一步是把握职业发展机会。当代职场正经历数字化转型，人工智能、新能源、大健康等领域创造了大量新兴岗位，这为职业发展提供了全新赛道。

（三）提升职业技能

躺平看似是缓解压力的方式，但长期消极应对只会削弱个人竞争力。与其被动退缩，不如主动提升职业技能，增强职场不可替代性。通过持续学习新知识、掌握行业前沿技术，不仅能提高工作效率，还能在竞争中占据优势，赢得更多发展机会。

（四）提升职业成就感

职场成就感是摆脱躺平的关键。设定清晰目标，拆解为可执行的小步骤，每完成一项任务都能积累信心。主动承担具有挑战性的工作，在解决问题的过程中提升能力，收获成长与认可。当个人价值得到体现，工作便不再是负担，而是实现自我价值的舞台。

四、社交层面的思考

（一）提升社交能力

社交能力是个人在人际关系中获得成功的重要因素。躺平者往往选择减少社交活动，降低生活成本，这种消极的生活态度容易导致社交能力的下降。因此，摆脱躺平的第一步是提升社交能力。通过积极参与社交活动，增强社交能力和人际交往能力。调整社交态度和社交目标，提升社交的积极性和主动性。增强情感联系，提升社交的满意度和幸福感。

（二）重建人际关系

躺平往往伴随着社交退缩，而人际关系的弱化会进一步降低个体的社会适应能力。主动与同事、朋友、家人保持互动,不仅能获得信息与资源,还能在交流中激发新的想法和动力。

(三)促进情感支持

与信任的人建立深度情感连接,如朋友间的坦诚交流、家人的鼓励或心理咨询,个体能获得情感慰藉,增强心理韧性。研究表明,良好的社会支持能显著降低焦虑和抑郁风险,使人能更积极面对挑战。当情感需求得到满足,"躺平"便不再是逃避现实的首选。

(四)加强与社会的联系

躺平的深层危机是个人价值体系的崩塌。当年轻人认为"努力无法改变命运"时,本质上是对社会契约失去信任。通过参与社区改造、环保行动等公共事务,能重新建立个人行为与社会发展的可视性关联。这种"微小的改变者"身份,往往比抽象的成功学更能激发动力。

躺平现象的本质是社会变迁和经济发展带来的挑战和制约。从心理、行为、职业、社交等多方面多维度入手,我们可以增强自我认同感、心理韧性、职业竞争力和社交能力,提升生活的意义感和幸福感。摆脱躺平的第一步是重新思考生活和目标,找到生活的意义和价值,设定明确的目标。保持积极心态,增强面对困难的勇气和信心,逐步实现目标,提升自我效能感和成就感。通过积极参与社交活动和公共事务,加强与社会的联系。通过职业规划和技能提升,找到适合自己的职业方向和目标,提升职业技能和职业成就感,激发职业发展的动力和信心。通过理性消费和财务规划,找到适合自己的消费方式和生活方式,提升生活质量。通过心理咨询和情绪管理,找到情绪的来源和应对策略,提升心理韧性。通过自我反思和心理咨询,重新认识自己的价值,找到自己在社会中的定位和角色,提升自我认同感。

PART 2
停滞状态的剖析

  停滞不前不是终点,而是转折的开始。在个人成长与组织发展的历程中,停滞状态往往被视为失败的标志,令人焦虑不安。但在这种表面上的静止之下,往往暗藏着深刻的转变契机。

  停滞是生命进程中必要的休止符。就像冬季的树木停止生长,但根系仍在积蓄能量。企业遭遇发展瓶颈,正是重新审视战略的良机。个人陷入职业倦怠,实则是突破自我的前奏。

  当我们以更开阔的视角审视停滞,就能发现它既是旧发展模式的终结,也是新生的起点。理解停滞的本质,才能把握突破的契机,在困局中孕育生机。

学业停滞的表现与原因

学业停滞指学生在学习过程中出现一段时间学习成绩和学习效率停滞不前，甚至对已学知识感到模糊的状态。这种现象不仅影响学生学术表现，还可能对其心理健康、自信心和未来发展产生负面影响。学业停滞的表现多种多样，其背后的原因也错综复杂。

学生在学习过程中出现的进步缓慢或停滞不前的现象，心理学上称为"高原现象"，表现为成绩或效率在一段时间内停滞不前，甚至出现倒退。因此，探讨学业停滞的表现及其背后的原因，对于帮助学生克服学习障碍、提升学习效果具有重要意义。

一、学业停滞的表现

学业停滞的表现多种多样，首先体现在成绩下降或难以提升。学生可能会发现自己在考试中屡屡失利，或者成绩长期徘徊在某一水平，无法取得突破。这种情况不仅让学生感到挫败感，也可能引发家长和老师的担忧。

其次，学习兴趣减退也是学业停滞的常见表现之一。学生可能对原本感兴趣的科目失去热情，上课时注意力不集中，甚至产生厌学情绪。学习兴趣的减退会进一步影响学生的学习动力，形成一个恶性循环。

学习效率低下是学业停滞的显著表现。学生可能会花费大量时间在学习上，但效果却不尽如人意。他们可能会感到学习内容难以理解，或者无法有效地将所学知识应用到实际问题中。这种低效的学习状态会导致学生产生疲惫和无力感。

此外，学业停滞可能导致学生在行为和心理上发生变化。例如，学生可能会表现出逃避学习的行为，如拖延作业、逃课等。在心理上，他们可能会感到焦虑、抑郁，甚至产生自我怀疑和自卑情绪。这些变化不仅影响学生的学习状态，还可能对其心理健康产生负面影响。

二、学业停滞的原因

学业停滞的原因多种多样，这些原因可能涉及个人、家庭、学校和社会等多个方面。首先，个人因素是导致学业停滞的重要原因之一。学习动力不足是许多学生面临的问题，缺乏明确的学习目标和内在驱动力，使他们在学习过程中容易感到迷茫和懈怠。此外，学习方法不当也是一个常见问题，一些学生可能没有掌握有效的学习策略，导致学习效率低下。心理健康问题也会对学生的学习产生负面影响，使他们难以集中注意力和保持积极的学习态度。

家庭因素同样在学业停滞中扮演着重要的角色。家庭不和谐，如父母经常争吵或离异，会让学生感到不安和压力过大，从而影响他们的学习状态。家长的教育方式也是一个关键因素，过于严厉或放任的教育方式都可能对学生的学习产生不利影响。例如，过于严厉的教育方式可能会让学生感到压抑和恐惧，而放任的教育方式则可能会让学生缺乏必要的监督和指导。此外，家庭经济压力也可能对学生的学业产生影响，经济困难的家庭可能无法为学生提供良好的学习资源和环境。

学校因素也是导致学业停滞的重要原因之一。教学质量不高、教师缺乏教学热情或教学方法不当，都会影响学生的学习效果。学校导致的学生学习压力过大也是一个普遍问题，过多的作业和考试压力可能会让学生感到不堪重负，从而影响他们的学习兴趣和动力。同学关系不良，如校园欺凌或同学之间的竞争压力，也会对学生的心理和学习状态产生负面影响。

社会因素同样不可忽视。社会竞争激烈使得学生面临巨大的升学压力，这种压力可能让他们感到焦虑和不安，从而影响学习状态。不良的社会风气，如读书无用论或过度追求物质享受，也可能会让学生对学习失去兴趣和动力。此外，网络游戏成瘾是现代社会的一个普遍问题，过度沉迷于网络游戏占用学生大量的时间和精力，导致他们无法专注于学习。

三、应对学业停滞的策略

面对学业停滞，需家庭、学校、社会及学生自身形成合力。首先，学生个人需要提升学习动力。明确的学习目标和内在驱动力是克服学业停滞的关键。学生可以通过设定短期和长期目标实现自我激励。此外，改进学习方法也是提高学习效率的重要途径。学生可以尝试不同的学习策略，如时间管理、笔记整理和制定复习计划，找到最适合自己的学习方法。同时，保持心理健康同样重要，学生可以通过运动、冥想和与朋友交流等方式缓解压力，保持积极的心态。

家庭在应对学业停滞中也扮演着重要的角色。改善家庭环境，营造和谐的家庭氛围，有助于学生保持良好的学习状态。家长应调整教育方式，避免过于严厉或放任，而是采用鼓励和支持的方式，帮助孩子建立起自信和自律。此外，家长应关注孩子的心理健康，及时发现和解决潜在的心理问题，必要时寻求专业帮助。

学校管理方面，提高教学质量是关键。教师应不断提升自身的教学能力，采用多样化的教学方法，激发学生的学习兴趣。减轻学习压力也是学校需要关注的问题，学校可以通过合理安排作业和考试，避免学生课业负担过重。此外，学校应加强心理健康教育，提供心理咨询服务、加强体育锻炼，帮助学生应对学习和生活中的压力。

从社会层面来看，减轻社会竞争压力需要全社会的共同努力。政府和社会组织可以通过政策引导和宣传，营造健康的教育环境，减少不必要的竞争和压力。引导形成良好社会风气，树立正确的价值观，让学生认识到学习的重要性和长远意义。此外，防止网络游戏成瘾也是社会需要关注的问题，家长和学校应共同努力，引导学生合理使用网络，避免过度沉迷。

学业停滞是一个复杂的问题。通过分析学业停滞的表现和原因，我们可以采取相应的策略来应对这一问题。学生需要提升学习动力、改进学习方法并保持心理健康；家庭应改善家庭环境、调整教育方式并关注学生的心理健康；学校需提高教学质量、减轻学生学习压力并加强心理健康教育；社会应减轻竞争压力、引导良好风气并防止网络成瘾。只有多方共同努力，才能有效应对学业停滞，帮助学生克服学习障碍，提升学习效果，实现全面发展。

职场停滞的常见情形与根源

职场停滞是指员工在职业发展过程中因内外部因素导致的能力、职位或薪酬长期无法突破的状态。这种现象不仅影响个人的成就感和收入水平，还可能对其心理健康和职业生涯的长远发展产生负面影响。职场停滞的表现多种多样，其背后的原因也错综复杂。这种停滞不仅影响个人的职业成长，还可能对企业的整体绩效产生负面影响。

职场停滞是员工在职业发展过程中遇到的瓶颈或障碍，导致其职业成长、技能提升或职位晋升的速度明显减缓或完全停止。这种现象不仅影响员工个人的职业满意度和工作积极性，还可能对企业产生负面影响。因此，了解职场停滞的常见情形及其根源，对于个人职业发展和企业人力资源管理都具有重要意义。

职场停滞的重要性主要体现在几个方面。对于个人而言，长期的职业停滞可能导致职业倦怠与自信心下降，甚至影响心理健康。对于企业来说，员工的职业停滞可能导致人才流失、团队士气低落，进而影响企业的创新能力和市场竞争力。因此，识别和解决职场停滞问题，不仅是员工个人职业发展的需要，也是企业持续发展的关键。

职场停滞的情形多种多样,其中最常见的情形包括技能停滞、职位停滞和薪资停滞。

技能停滞是指员工在某一岗位或领域内长期无法突破现有能力水平或职业发展瓶颈。这种情况通常发生在员工长期从事相同或类似的工作内容,缺乏新的挑战和学习机会。例如,一位软件工程师在多年从事相同类型的项目后,可能会发现自己对新技术的掌握速度变慢,甚至停滞不前。

职位停滞是指员工在组织内部的职位晋升遇到障碍,长期无法晋升或承担更大责任。这种情况可能由于组织结构扁平化、晋升机会有限,或者员工自身的能力和表现未能达到晋升标准。例如,一位中层管理人员在公司内部长期无法晋升到高层管理职位,可能会感到职业发展受阻。

薪资停滞是指员工在一段较长时间内未获得实质性薪资增长的现象。这种情况可能由于行业整体薪资水平增长缓慢、公司薪酬体系不合理,或者员工个人绩效未能达到加薪标准。例如,一位销售人员在多年工作后,发现自己的薪资水平与市场平均水平相比明显偏低,且公司内部加薪机会有限。

职场停滞的情形不仅会显著影响员工的职业满意度和工作积极性,还可能对企业产生负面影响。

职场停滞的根源有多维度因素,分析原因可以从个人因素、组织因素和环境因素三个方面入手。

个人因素是导致职场停滞的重要原因之一。缺乏自我驱动力是许多员工陷入职业停滞的主要原因。自我驱动力不足可能导致员工对工作缺乏热情和主动性,难以持续提升自己的技能和绩效。例如,一名员工可能因为长期从事相同的工作内容而感到厌倦,缺乏动力去学习新技能或接受新的挑战。

职业规划不清晰也是导致职场停滞的核心个人因素。许多员工在职业发展初期缺乏明确的职业目标和规划，容易导致在职业发展过程中迷失方向，难以找到适合自己的发展路径。例如，一名员工可能因为频繁跳槽或从事不同领域的工作，而无法在某一领域积累足够的经验和技能，从而陷入职业停滞。

组织因素同样在职场停滞中起到关键作用。组织结构扁平化是导致职位停滞的常见原因。随着企业组织结构的扁平化，中层管理职位减少，员工晋升的机会也随之减少。例如，一家科技公司可能因为组织结构调整，取消了多个中层管理职位，导致许多员工长期无法获得晋升机会。

晋升机制不透明也是导致职场停滞的重要原因之一。如果员工不清楚晋升的标准和流程，可能会感到迷茫和无力感，难以制定有效的职业发展策略。例如，一家公司可能因为晋升机制不透明，导致员工对晋升机会的公平性产生怀疑，进而影响工作积极性和职业发展。

环境因素同样不可忽视。行业变化速度快是导致技能停滞的常见环境因素。随着科技的快速发展，许多行业的技术和商业模式都在不断变化，员工如果不及时更新自己的技能，可能会被市场淘汰。例如，一位传统制造业的工程师可能因为未能及时掌握智能制造技术，从而陷入技能停滞。

经济环境不稳定也是导致薪资停滞的重要因素。在经济不景气的情况下，许多企业可能会冻结薪资或减少加薪幅度，导致员工的薪资水平长期无法提升。例如，一名金融行业的员工可能会因为经济危机导致公司业绩下滑，进而影响个人的薪资增长。

职场停滞的根源有多维度因素，个人、组织与环境因素都可能在其中发挥了作用。了解这些根源，对于制定有效的应对策略具有重要意义。

面对职场停滞，个人和企业都需要采取积极的应对策略，以促进职业发展和组织绩效的提升。

个人层面应对职场停滞的策略，包括提升自我驱动力与明确职业规划两大方向。员工应主动寻求学习和成长的机会，通过参加培训、阅读专业书籍、参与行业会议等方式，不断提升自己的技能和知识。例如，一位软件工程师可以通过参加在线课程或技术研讨会，学习最新的编程语言和开发工具，以提高自己的技术竞争力。

明确的职业规划也是破解职场停滞的关键。员工应定期评估自己的职业目标和进展，制定切实可行的职业发展计划。例如，一位中层管理人员可以通过与导师或职业顾问交流，明确自己的职业发展方向，并制定具体的晋升目标和行动计划。

组织层面的应对策略，包括结构性改革和机制赋能两大方向。企业应通过优化组织结构，创造更多的晋升机会和发展空间。例如，一家科技公司可以通过设立更多的项目组或跨部门团队，为员工提供更多的管理机会，从而促进员工的职业发展。

透明的晋升机制也是应对职场停滞的重要策略。企业应明确晋升的标准和流程，确保员工能够清晰了解晋升的要求和机会。例如，一家公司可以通过定期公布晋升标准和评估结果，增强员工的信任感和参与感。

环境层面的应对策略，包括适应行业变化和应对经济环境的变化。员工应密切关注行业动态，及时调整自身的技能和知识结构，以适应快速变化的行业环境。例如，一位金融行业的员工可以通过学习数据分析或区块链技术，提升自己在金融科技领域的竞争力。

面对经济环境的不确定性和变动性时，员工和企业都需要保持灵活性和适应性。员工可以通过多元化技能和知识储备，增强自己的抗风险能力。例如，一位销售人员可以通过学习市场营销或客户关系管理，提升自己在不同岗位的适应能力。企业则可以通过灵活的薪酬体系和绩效评估机制，激励员工在不确定的经济环境中保持高绩效。

应对职场停滞需要个人、企业和环境三方的共同努力。通过提升自我驱动力、明确职业规划、优化组织结构、建立透明的晋升机制，以及适应行业变化和经济环境的不确定性，员工和企业可以有效应对职场停滞，促进职业发展和组织绩效的提升。

职场停滞是一个复杂且多维度的问题，其根源涉及个人、组织和环境等多个方面。通过深入分析职场停滞的常见情形及其根源，我们可以更好地了解这一现象，并制定有效的应对策略。个人应通过提升自我驱动力和明确职业规划，主动应对职业停滞。企业则需通过优化组织结构和建立透明的晋升机制，为员工创造更多的发展机会。同时，适应行业变化和经济环境的不确定性，也是应对职场停滞的重要策略。

人际关系停滞的迹象与影响

人际关系停滞是指个体在人际交往过程中出现互动减少、情感疏离或关系无法深入发展的现象。这种现象不仅影响个体的社交体验和情感支持，还可能对其心理健康、生活质量和职业发展产生负面影响。

在当今快节奏的社会中，人际关系作为人类生活的重要组成部分，对个人幸福和社会和谐起着关键作用。然而，随着社会变迁和生活方式的改变，人际关系停滞的现象日益严重，给个人和社会带来了诸多挑战。

人际关系停滞的第一个明显迹象是沟通频率和质量的下降。当人们开始减少交流次数，或者交流内容变得表面化、缺乏深度时，往往意味着关系出现了问题。这种沟通的减少不仅体现在面对面交流上，也可能表现在社交媒体和即时通讯工具的使用上。另一个相关迹象是情感疏离和冷漠感的增加。人们可能开始对彼此的生活失去兴趣，不再分享内心的想法和感受，甚至对对方的喜怒哀乐都漠不关心。

互动模式的固定化和缺乏新意也是人际关系停滞的重要表现。当两个人的相处方式变得一成不变，缺乏新鲜感和创造力时，关系就容易陷入停滞状态。这种固定化可能体现在日常活动安排、对话内容选择，甚至是解决问题的模式。最后，缺乏共同成长和进步是人际关系停滞的另一个关键迹象。健康的关系应该是能够促进双方的成长和发展，而当这种动力消失时，关系就可能陷入停滞状态。

人际关系停滞对个人的影响首先体现在心理健康方面。长期处于停滞关系中的人更容易感到孤独、焦虑和抑郁。这种心理压力可能进一步导致自我价值感的降低，使个人对自己的能力和价值产生怀疑。此外，人际关系停滞还会影响个人的社会支持系统。当亲密关系出现问题时，个人可能难以获得必要的情感支持和实际帮助，这又会加剧心理压力，形成恶性循环。

在生活质量方面，人际关系停滞也会带来负面影响。它可能限制个人的社交圈子和活动范围，减少生活乐趣和满足感。长期处于这种状态的人可能会感到生活乏味，缺乏动力和激情。此外，人际关系停滞还可能影响个人的职业发展，因为良好的人际关系往往是职业成功的重要因素之一。

人际关系停滞不仅影响个人，也会对社会产生广泛影响。首先，它可能导致社会支持网络的弱化。当大多数人际关系陷入停滞时，整个社会的互助和支持系统就会受到影响，这可能加剧社会问题，如贫困、心理健康问题，甚至犯罪等。其次，人际关系停滞可能影响社会凝聚力。健康的人际关系是社会和谐的基础，当这种基础动摇时，社会成员之间的信任和合作就会受到影响。

在社会结构层面，人际关系停滞可能导致社会流动性降低。良好的人际关系网络往往是个人在社会上流动的重要渠道,当这种网络功能减弱时,社会阶层的固化可能会加剧。此外,人际关系停滞还可能影响社会创新和进步。创新往往产生于不同思想和背景的碰撞,而停滞的人际关系可能限制这种交流,从而阻碍社会整体发展。

面对人际关系停滞,首先需要改善沟通技巧和频率。这包括主动创造交流机会,学习有效倾听和表达,以及尝试新的沟通方式。其次,重建情感联系和亲密感至关重要。这可以通过共同回忆美好时光、分享内心感受和增加肢体接触等方式实现。创新互动模式和活动也是打破关系停滞的有效方法。尝试新的共同爱好、改变日常习惯,或者一起面对新的挑战,都可以为关系注入新的活力。

最后,促进共同成长和进步是维持长期健康关系的关键。这包括支持彼此的个人发展目标,共同学习新技能,以及一起参与有意义的社会活动。通过这些方式不仅可以增进关系,还能促进个人的全面发展。

人际关系停滞是一个复杂的社会现象,它对个人和社会都有着深远的影响。通过识别沟通减少、情感疏离、互动模式固定化和缺乏共同成长等迹象,我们可以及时发现并应对这一问题。人际关系停滞不仅影响个人的心理健康和生活质量,还会削弱社会支持网络,影响社会凝聚力。

为了应对人际关系停滞,我们需要采取积极的策略,包括改善沟通、重建情感联系、创新互动模式和促进共同成长。这些措施不仅有助于改善个人关系质量,还能促进社会和谐与发展。未来的研究可以进一步探讨人际关系停滞的深层次原因,以及在不同文化背景下应对这一现象的有效方法。

思维停滞的特点与后果

思维停滞是一个复杂的问题，其特点和后果涉及心理健康、职业发展和生活质量等多个层面。要解决这一问题，个体需要调整心态、多元化思考、学习新知识和培养创造力。通过积极应对和有效策略，个体可以突破思维停滞，提升自己的认知能力和解决问题的能力。

思维停滞是一种常见的心理现象，这种现象不仅影响个人的心理健康，还可能对社会进步产生负面影响。

一、思维停滞的定义与背景

思维停滞，顾名思义，是指个体在认知、情感和行为上出现停滞不前的状态。这种现象通常表现为思维僵化、缺乏创新和适应性下降。思维停滞并非一蹴而就，而是一个逐渐发展的过程，往往由多种因素共同作用导致。在当今快速变化的社会中，思维停滞已成为一个不容忽视的问题，影响着个人发展和社会进步。

从历史背景来看，思维停滞的概念可以追溯到古代哲学家的思考。例如，古希腊哲学家亚里士多德曾探讨过思维僵化与创新的关系，认为思维的灵活性是智慧的重要体现。随着心理学的发展，现代学者对思维停滞的研究更加深入，提出了多种理论模型来解释其成因和表现。

在现代社会，思维停滞的表现形式多种多样。例如，在工作中，员工可能会因为长期重复性任务而陷入思维定势，缺乏创新和解决问题的能力。在学习中，学生可能会因为过度依赖标准答案而丧失独立思考的能力。这些现象不仅影响个人的成长和发展，还可能对整个社会的创新能力产生负面影响。

二、思维停滞的主要特点

思维停滞的主要特点可以从认知、情感和创造力三个方面进行分析。

认知僵化是思维停滞的显著特点之一。认知僵化指的是个体在思考问题时，固守已有的思维模式，难以接受新的观点和方法。这种僵化不仅限制了思维的广度，还降低了问题解决的效率。例如，在工作中，员工可能会因为长期使用同一种方法处理问题，而忽视了更有效的解决方案。在学习中，学生可能会因为过度依赖教科书和老师的讲解，而丧失了独立思考和探索的能力。

情感麻木是思维停滞的另一个重要特点。情感麻木指的是个体对周围环境和自身情感的反应变得迟钝，缺乏情感共鸣和表达。这种现象通常由长期的压力和疲劳引起，导致个体对生活中的美好事物失去兴趣和感受力。例如，在工作中，员工可能会因为长期的高强度工作而变得情感麻木，对同事和客户的感受漠不关心。在生活中，个体可能会因为长期的情感压抑而丧失对生活的热情和动力。

创造力匮乏是思维停滞的第三个主要特点。创造力匮乏指的是个体在思考和行动中缺乏创新和想象力，难以提出新颖的想法和解决方案。这种现象通常在思维定势和情感麻木共同作用下导致，限制了个体的创造潜力。例如，在艺术创作中，艺术家可能会因为长期重复相同的风格和主题而丧失创新灵感。在科学研究中，研究人员可能会因为过度依赖已有的理论和方法而难以突破现有的知识边界。

三、思维停滞的后果

首先，思维停滞对个人发展的影响是深远的。认知僵化和创造力匮乏会限制个体的职业发展和学习进步。例如，在工作中，员工可能会因为思维僵化而难以适应新的工作环境和任务要求，导致职业发展受阻。在学习中，学生可能会因为创造力匮乏而难以提出新颖的研究课题和解决方案，影响学术成就。

其次，思维停滞对社会进步的负面影响也不容忽视。社会进步依赖于个体的创新和协作，而思维停滞会削弱社会的整体创新能力。例如，在企业中，员工思维停滞会导致企业创新能力的下降，影响市场竞争力和可持续发展。在科研领域，研究人员思维停滞会阻碍科学技术的进步，影响社会生产力的提升。

思维停滞对心理健康的影响严重。情感麻木和创造力匮乏会导致个体对生活的兴趣和动力下降，增加心理问题的风险。例如，长期的情感麻木可能会导致抑郁症和焦虑症等心理疾病。创造力匮乏可能会导致个体对自我价值的怀疑和否定，影响自尊和自信。

四、预防和应对思维停滞的策略

为了预防和应对思维停滞，个体和社会可以采取多种策略。

培养批判性思维是预防思维停滞的重要策略之一。批判性思维指的是个体在思考问题时，能够客观分析、评估和反思自己的思维过程。通过培养批判性思维，个体可以打破思维定势，接受新的观点和方法。例如，在工作中，员工可以通过参加批判性思维培训，学习如何从不同角度分析问题，提出创新解决方案。在学习中，学生可以通过阅读多元化的书籍和参与讨论，培养独立思考和批判性分析的能力。

保持情感活力是预防思维停滞的另一个重要策略。情感活力指的是个体对生活和工作的热情和动力。通过保持情感活力，个体可以增强对周围环境和自身情感的敏感度，提高情感共鸣和表达能力。例如，在工作中，员工可以通过参加团队建设活动和心理咨询，缓解工作压力，增强情感活力。在生活中，个体可以通过参与有兴趣爱好的社交活动，丰富情感体验，提升生活满意度。

激发创造力是应对思维停滞的关键策略。创造力指的是个体在思考和行动中提出新颖想法和解决方案的能力。通过激发创造力，个体可以提升创新潜力。例如，在艺术创作中，艺术家可以通过尝试新的创作风格和材料，激发创新灵感。在科学研究中,研究人员可以通过跨学科合作和创新实验设计,突破现有的知识边界。

思维停滞是一种常见的心理现象,其特点包括认知僵化、情感麻木和创造力匮乏。为了预防和应对思维停滞,个体和社会可以采取培养批判性思维、保持情感活力和激发创造力等策略。通过这些策略,个体可以打破思维定势,提升创新潜力,促进个人发展和社会进步。

生活习惯停滞的体现与危害

生活习惯停滞是指个体在日常生活中,长期保持一成不变的行为模式,缺乏改进或优化的动力,导致生活质量和健康水平逐渐下降的现象。这种现象不仅影响个体的身心健康,还可能对其社交关系、职业发展和整体幸福感产生负面影响。生活习惯停滞的体现多种多样,其背后的危害也是深远而复杂的。

良好的生活习惯有助于提升生活质量、促进身心健康,而不良的生活习惯则可能导致各种健康问题和社会适应困难。然而,许多人在生活中往往会陷入一种"停滞"状态,即生活习惯长期保持不变。这种停滞不仅影响个人的生活质量,还可能对其身心健康、社会关系和工作效率产生负面影响。

一、生活习惯停滞的体现

(一)作息时间固定

生活习惯停滞的个体可能会长期保持固定的作息时间,即使这种作息方式并不健康。例如,晚睡晚起或睡眠不足,但缺乏调整的意愿。

(二)饮食模式单一

个体可能会长期保持单一的饮食模式,例如偏爱高热量、高糖分的食物,或者忽视营养均衡,这种饮食模式可能导致健康问题。

（三）缺乏运动

生活习惯停滞的个体可能会长期缺乏运动，例如久坐不动或忽视锻炼身体。这种缺乏运动的生活方式会影响身体健康。

（四）娱乐方式固化

个体可能会长期依赖单一的娱乐方式，例如过度沉迷于电子游戏、社交媒体或电视剧，缺乏多样化的休闲活动。

（五）学习与成长停滞

生活习惯停滞的个体可能会忽视学习和自我提升，例如长期不阅读、不学习新技能或不参与任何形式的自我发展活动。

（六）社交活动减少

个体可能会逐渐减少社交活动，例如不参加聚会、不与朋友联系或忽视人际关系维护。这种社交活动的减少会影响其社交体验。

（七）忽视心理健康

生活习惯停滞的个体可能会忽视自己的心理健康，例如长期压抑情感、不寻求心理支持或不关注自己的情绪状态。

（八）缺乏目标与规划

个体可能会缺乏明确的生活目标和规划，例如对未来的生活方向感到迷茫，或者缺乏实现目标的动力和计划。

二、生活习惯停滞的危害

生活习惯停滞的危害是多方面的，以下从身心健康、社交关系、职业发展和整体幸福感四个层面进行分析。

（一）身心健康

1. 身体健康问题

生活习惯停滞的个体可能会因为长期缺乏运动、饮食不均衡或作息不规律而出现身体健康问题。例如，肥胖、心血管疾病、糖尿病或免疫力下降。

2. 心理健康问题

个体可能会因为长期忽视心理健康而出现心理问题。例如，焦虑、抑郁、情绪低落或情感压抑。

3. 睡眠质量下降

生活习惯停滞的个体可能会因为作息不规律或睡眠不足而导致睡眠质量下降，影响其身体和心理健康。

4. 精力不足

个体可能会因为生活习惯停滞而感到精力不足。例如，容易疲劳、注意力不集中或工作效率低下。

（二）社交关系

1. 社交孤立

生活习惯停滞的个体可能会因为社交活动减少而逐渐被孤立。这种社交孤立会影响其社交体验，甚至导致社交焦虑。

2. 人际关系紧张

个体可能会因为长期忽视人际关系维护而与朋友、家人关系紧张。这种紧张关系会影响其社交支持，甚至导致人际冲突。

3. 社交技能退化

生活习惯停滞的个体可能会因为长期缺乏社交互动而导致社交技能退化。这种技能退化会影响其社交表现，甚至导致社交失败。

4. 情感支持缺失

个体可能会因为社交关系停滞而感到情感支持缺失。这种情感支持缺失会让他们在面对生活挑战时感到孤立无援。

（三）职业发展

1. 工作效率下降

生活习惯停滞的个体可能会因为精力不足或注意力不集中而导致工作效率下降，从而影响其职业表现，甚至导致职业危机。

2. 职业成长受限

个体可能会因为长期忽视学习和自我提升而导致职业成长受限。这种成长受限会影响其职业发展，甚至导致职业停滞。

3. 职业满意度降低

生活习惯停滞的个体可能会因为长期无法实现职业目标而导致职业满意度降低。他们可能觉得工作缺乏挑战性，甚至对工作失去热情。

4. 职业压力增加

个体可能会因为生活习惯停滞而导致职业压力增加。例如，长期缺乏运动或忽视心理健康会影响其应对职业压力的能力。

（四）整体幸福感

1. 生活体验感下降

生活习惯停滞的个体可能会感到生活体验感明显下降。他们可能不再能享受到生活中的乐趣，甚至对生活失去热情。

2. 生活满意度降低

个体可能会因为长期无法实现生活目标而导致生活满意度降低。他们可能觉得生活缺乏意义，甚至对生活失去信心。

3. 情感压抑

生活习惯停滞的个体可能会因为长期忽视心理健康而造成情感压抑。这种情感压抑会影响其整体幸福感,甚至导致情绪崩溃。

4. 自我怀疑

个体可能会因为长期无法改进生活习惯而感到自我怀疑。他们可能觉得自己不够自律或无法改变,这种自我怀疑会影响其自信心。

三、应对生活习惯停滞的策略

(一)制定生活目标

个体应制定明确的生活目标,例如改善作息、均衡饮食或增加运动量。通过设定目标,个体可以更有针对性地改进生活习惯。

(二)优化作息时间

个体应尝试优化自己的作息时间,例如保证充足的睡眠、早睡早起、避免熬夜。通过优化作息,个体可以提升身体素质和心理健康。

(三)改善饮食模式

个体应尝试改善自己的饮食模式,例如增加蔬菜水果的摄入、减少高热量食物的摄入或注重营养均衡。通过改善饮食,个体可以提升身体健康。

(四)增加运动量

个体应尝试增加自己的运动量,例如每天进行适量的有氧运动、力量训练或参与体育活动。通过增加运动,个体可以提升精力。

(五)多样化娱乐方式

个体应尝试多样化的娱乐方式,例如阅读、旅行、艺术创作或参与社交活动。通过多样化娱乐,个体可以提升生活体验和幸福感。

（六）注重心理健康

个体应注重自己的心理健康，例如定期进行心理调适、寻求心理支持或关注自己的情绪状态。注重心理健康，个体可以提升整体幸福感。

（七）寻求支持与反馈

个体应主动向他人寻求支持与反馈，了解自己的不足和改进方向。同时，个体也可以寻求心理咨询师或生活导师的支持，以获得更专业的指导。

（八）逐步改进习惯

个体应尝试逐步改进自己的生活习惯，例如每天改变一点，逐渐形成健康的生活方式。通过逐步改进，个体可以避免因为突然改变而导致的压力。

生活习惯停滞是一个复杂的问题，其体现和危害涉及身心健康、社交关系、职业发展和整体幸福感多个层面。要解决这一问题，需要个体制定明确生活目标、优化作息时间、改善饮食模式、增加运动量和注重心理健康。通过积极应对和有效策略，个体可以突破生活习惯停滞，提升自己的身心健康和生活质量。同时，社会也应关注生活习惯停滞问题，提供更多的支持和资源，帮助个体更好地应对生活习惯停滞的挑战。

突破停滞的关键切入点

停滞是个人成长、职业发展和生活中常见的一种状态，表现为进步缓慢、动力不足或长期无法突破现状。无论是学业、职场、人际关系还是生活习惯，停滞都可能对个体的心理健康、生活质量和未来发展产生负面影响。然而，停滞并非不可逆转，只要找到关键切入点，就能有效突破瓶颈，重新激发活力和动力。

一、认知层面：重新审视与定位

（一）明确目标与方向

停滞往往源于目标模糊或方向不清。个体需要重新审视自己的目标，明确短期和长期的方向。例如，问自己："我真正想要的是什么？""我的核心价值是什么？"通过明确目标，个体可以找到行动的动力和意义。

（二）调整心态与认知

停滞可能与消极心态或错误认知有关。个体需要调整心态，例如从"我无法改变"转变为"我可以尝试"。同时，避免完美主义，接受过程中的不完美，专注于逐步改进。

（三）识别瓶颈与障碍

停滞的原因可能是某些隐藏的瓶颈或障碍。个体需要冷静分析，找出问题的根源。例如，是能力不足，资源匮乏，还是外部环境限制？通过识别瓶颈，可以更有针对性地解决问题。

（四）重新定义成功

社会对成功的定义往往单一，导致个体陷入焦虑和停滞。个体需要重新定义成功，例如将"自我成长"或"幸福感"作为衡量标准，而非单纯的外部成就。

二、思维层面：打破思维定式

（一）认识停滞的心理根源

停滞往往源于思维定势和心理惯性。人们在面对复杂问题时，容易依赖过去的经验和固有的思维模式，导致创新和突破的动力不足。因此，突破停滞的第一步是认识并打破这些心理障碍。

（二）培养成长型思维模式

成长型思维是心理学家卡罗尔·德韦克提出的概念，指的是相信能力和智力可以通过努力和学习不断提升。培养成长型思维，可以帮助个人和组织在面对挑战时保持积极态度，勇于尝试新方法，从而突破停滞。

（三）接受失败与不确定性

失败和不确定性是创新过程中不可避免的部分。接受失败，并从中学习，是突破停滞的重要心理素质。通过建立容错机制和心理支持系统，个人和组织可以更好地应对失败，减少对停滞的恐惧。

三、行动层面：从微小改变开始

（一）制定可执行的计划

停滞往往源于缺乏具体行动。个体需要制定可执行的计划，将大目标分解为小步骤。例如，每天完成一个任务，逐步提升自己的成就感。

（二）培养新习惯

习惯是行为的基础。个体可以通过培养新习惯来突破停滞。例如，每天阅读30分钟、坚持运动或定期反思。通过持续的改变，逐渐形成正向循环。

（三）尝试新事物

停滞可能源于长期重复相同的行为模式。个体需要尝试新事物，例如学习新技能、探索新领域或参与新活动。通过新体验，可以激发创造力和动力。

（四）建立反馈机制

停滞可能与缺乏反馈有关。个体需要建立反馈机制，例如定期评估自己的进展，或向他人寻求反馈。通过反馈，可以及时调整方向，避免无效努力。

四、能力层面：提升核心竞争力

（一）学习与成长

停滞往往源于能力不足。个体需要主动学习，例如通过阅读、课程或实践提升自己的知识和技能。同时，关注行业趋势，保持与时俱进。

（二）培养创造力

创造力是突破停滞的重要能力。个体可以通过头脑风暴、艺术创作或跨领域学习培养创造力。通过创新思维，可以找到新的解决方案。

（三）提升解决问题的能力

停滞可能与问题解决能力不足有关。个体需要提升问题解决能力，例如通过分析问题、制定策略和执行计划。同时，学会从失败中总结经验。

（四）增强抗压能力

停滞往往伴随着压力和焦虑。个体需要增强抗压能力，例如通过冥想、运动或心理咨询缓解压力。通过心理调适，可以更好地应对挑战。

五、环境层面：优化外部支持

（一）寻求社交支持

停滞可能与孤立无援有关。个体需要寻求社交支持，例如与朋友、家人或同事交流，获取情感支持和实用建议。通过社交互动，可以缓解孤独感，激发动力。

（二）建立导师关系

导师可以提供宝贵的经验和指导。个体可以寻找行业内的导师，向其请教职业发展或人生规划问题。通过导师的指导，可以少走弯路，更快突破停滞。

（三）优化工作与生活环境

停滞可能与不适宜的环境有关。个体需要优化自己的工作和生活环境，例如整理办公桌、改善家居布置或选择更适合的工作环境。通过环境优化，可以提升效率和幸福感。

（四）利用外部资源

个体可以利用外部资源突破停滞，例如参加培训、加入专业组织或使用在线学习平台。通过外部资源，可以获取更多知识和机会。

六、心理层面：重塑内在动力

（一）找回内在动机

停滞往往源于内在动机的消失。个体需要找回内在动机，例如问自己："我真正热爱的是什么？""什么能让我感到满足？"通过找回内在动机，可以激发持久的动力。

（二）设定奖励机制

停滞可能与缺乏激励有关。个体可以设定奖励机制，例如完成目标后奖励自己。通过奖励，可以增强行动的动力和成就感。

（三）关注心理健康

停滞往往伴随着心理压力。个体需要关注心理健康，例如通过心理咨询、冥想或运动缓解压力。通过关注心理健康，可以更好地应对停滞。

七、时间管理层面：提升效率与专注力

（一）优化时间分配

停滞可能与时间管理不当有关。个体需要优化时间分配，例如将重要任务安排在高效时段，减少无效时间。通过时间优化，可以提升效率。

（二）培养专注力

专注力是突破停滞的关键。个体可以通过"番茄工作法"或减少干扰培养专注力。通过培养专注力，可以更高效地完成任务。

（三）避免拖延

停滞往往伴随着拖延。个体需要避免拖延，例如通过设定截止日期、分解任务或寻求监督。通过克服拖延，可以更快实现目标。

（四）定期反思与调整

个体需要定期反思自己的时间管理，例如每周评估自己的进展和不足。通过

反思与调整，可以不断优化时间利用。

突破停滞需要从认知、行动、能力、环境、心理和时间管理等多个层面入手。通过明确目标、制定计划、提升能力、优化环境、重塑动力和高效管理时间，个体可以逐步摆脱停滞，重新找到前进的方向和动力。同时，社会也应关注停滞问题，提供更多的支持和资源，帮助个体更好地应对关于停滞带来的挑战。停滞并不可怕，关键在于找到切入点，采取行动，持续改进，最终实现突破和成长。

PART 3

逆袭的内在动力

逆袭,从来不是命运的恩赐,而是蛰伏者积蓄已久的爆发。在这个充满不确定性的时代,每个人都在寻找属于自己的逆袭之路。但真正的逆袭,始于内心的觉醒与蜕变。

逆袭的内在动力,源于对现状的清醒认知,对改变的强烈渴望,以及对自我价值实现的坚定信念。这种动力不是一时的激情,而是持续燃烧的生命之火。它推动着人们突破舒适区,在困境中寻找机遇,在挫折中积累智慧。

真正的逆袭,是内在力量的觉醒与释放。当我们找到了这种力量,就找到了改变命运的钥匙。

梦想的唤醒与坚守

梦想，这看似虚无缥缈的词汇，却是人类文明进步的强大精神动力。从远古时代人类仰望星空的那一刻起，梦想的种子就在心灵深处生根发芽。它推动着人类走出蒙昧，创造文明，探索未知。在历史的长河中，每一个伟大的时代都闪耀着梦想的光芒，每一个不朽的成就都镌刻着追梦者的足迹。梦想不仅是个人生命的灯塔，更是整个文明进步的引擎。它让我们超越现实的局限，突破认知的边界，在不可能中创造可能。今天，在这个充满机遇与挑战的时代，梦想的力量比任何时候都更加重要。它不仅是个人实现价值的途径，更是人类文明持续发展的关键。

人类对梦想的追求，始于对自身存在的思考。在远古时代，当我们的祖先第一次仰望星空，思考生命的意义时，梦想的种子就已经播下。这种对未知的探索欲望，推动着人类走出蒙昧。从石器时代到青铜时代，从农业文明到工业革命，每一次文明的跃迁都始于一个看似不可能的梦想。

从个人层面来看，梦想的觉醒往往源于对现状的不满和对美好的向往。这种觉醒不是偶然的顿悟，而是长期积累后的必然爆发。就像乔布斯在斯坦福演讲中所说："你无法预先把点点滴滴串连起来，只有在回顾时才会明白那些点点滴滴是如何串在一起的。"梦想的觉醒，正是这些点滴积累的质变时刻。

社会环境对梦想的唤醒起着至关重要的作用。一个鼓励创新、包容失败的社会，能够激发更多人的梦想。硅谷之所以成为创新者的圣地，不仅因为那里有顶尖的人才和资本，更因为那里有一种允许失败、鼓励冒险的文化氛围。这种环境让梦想的种子更容易生根发芽。

梦想的道路从来都不是坦途。在追逐梦想的过程中，我们会遇到无数困难和

PART 3　逆袭的内在动力

挑战。这些障碍不仅是现实的考验，更是对意志的磨砺。爱迪生在发明电灯前经历了上千次失败，但每一次失败都让他离成功更近一步。他说："我没有失败，我只是找到了一万种不起作用的方法。"这种对梦想的执着，正是成功的关键。

在困境中坚持梦想需要强大的精神力量。这种力量源于对实现梦想的坚定信念，源于对目标的清晰认知。马云在创建阿里巴巴时，面对无数质疑和否定，但他始终相信互联网将改变世界。这种信念支撑他度过了最艰难的时期，最终实现了梦想。

梦想的坚守还需要正确的方法和策略。盲目的坚持只会导致资源的浪费和信心的丧失。真正的坚守是在保持方向的同时，不断调整方法和策略。就像登山者需要根据天气和地形调整路线一样，追梦者也需要在坚持梦想的同时保持灵活性。

历史告诉我们，伟大的梦想永远不会随着个体的消逝而消失。它们会被传承，被发扬，成为推动人类文明进步的力量。牛顿说："如果说我看得比别人远，那是因为我站在巨人的肩膀上。"每一个伟大的梦想，都是建立在前人梦想的基础之上。

在当代社会，梦想的传承显得尤为重要。我们不仅要传承前人的梦想，还要培养下一代的梦想家。教育的目的不仅是传授知识，更重要的是激发梦想，培养追梦的勇气和能力。像马斯克这样的创新者，正是受到了前人探索太空的梦想的启发，才立志要实现火星移民计划。

梦想的传承需要制度和文化的支持。我们需要建立鼓励创新、包容失败的社会机制，营造尊重梦想、支持追梦的文化氛围。只有这样，梦想的火种才能代代相传，永不熄灭。

在这个充满不确定性的时代，梦想是我们最可靠的指南针。它指引我们穿越迷雾，抵达理想的彼岸。唤醒梦想，坚守梦想，传承梦想，这不仅是个人的修行，更是整个人类文明的使命。让我们以梦想为帆，以坚持为桨，在时代的浪潮中破浪前行，共同书写人类文明新的篇章。因为唯有梦想，才能让我们的生命绽放出最绚丽的光彩，唯有坚守，才能让我们的文明永葆生机与活力。在这场永不停息的精神远征中，每一个追梦者都是主角，每一份坚持都在为人类文明添砖加瓦。让我们携手同行，在梦想的指引下，共同创造一个更加美好的未来。

自我驱动力的激发与培养

自我驱动力是指个体在缺乏外部激励的情况下，主动追求目标、克服困难并持续努力的内部动力。它是个人成长、职业发展和生活幸福的重要推动力。然而，许多人在生活中常常感到动力不足，陷入拖延、懒散或停滞的状态。如何激发和培养自我驱动力，成为了一个值得深入探讨的话题。

在当今快速变化的社会中，自我驱动力已成为个人成功和幸福的关键因素。无论是在职场、学业还是个人生活中，拥有强大的自我驱动力能够帮助人们克服困难、实现目标并持续成长。

自我驱动力源于个人的内在动机，如兴趣、价值观和使命感，而非外在的奖励或惩罚。自我驱动力与外部激励的本质区别可归纳为：外部激励依赖外部环境施加的推动力，如薪酬、奖励、惩罚或社会认可。而自我驱动力则源于个体内部，如兴趣、价值观、使命感或对自我实现的追求。

自我驱动力对个人成长和成功具有深远的影响。首先，它能够帮助个体在面对挑战和困难时保持积极的态度和持久的动力，从而更容易实现目标。其次，自我驱动力能够促进个体的自主性和创造力，使其在工作和学习中表现出更高的效率和创新性。此外，自我驱动力还能够增强个体的心理韧性和适应能力，使其在快速变化的环境中保持稳定和进步。

激发自我驱动力的关键在于找到内在动机并设定明确的目标。个体需要发掘自己的兴趣和价值观，找到真正热爱的事物。这些内在动机将成为驱动个体不断前进的动力源泉。例如，如果一个人对环境保护充满热情，那么他可能会主动学习相关知识并参与环保活动，即使没有外部的奖励或认可。

设定明确的目标是激发自我驱动力的另一个重要方法。目标应当具体、可衡量、可实现、相关且有时间限制（SMART原则）。明确的目标能够为个体提供清晰的方向和动力，使其在追求目标的过程中保持专注和动力。例如，一个学生如果设定了"在三个月内提高数学成绩10分"的目标，那么他可能会更加主动地安排学习时间和寻找有效的学习方法。

此外，培养积极的心态和习惯也是激发自我驱动力的重要途径。积极的心态能够帮助个体在面对挫折和困难时保持乐观和坚韧，从而更容易克服障碍并实现目标。例如，通过练习正念冥想和写感恩日记，个体可以增强自我意识和情绪调节能力，从而更好地应对压力和挑战。同时，养成良好的习惯，如定期锻炼、健康饮食和拥有充足睡眠，也能够为个体提供持续的能量和动力，使其在追求目标的过程中保持高效和健康。

培养自我驱动力需要从多个方面入手，包括时间管理、自我反思、持续学习和寻求反馈。首先，有效的时间管理能够帮助个体合理安排任务和活动，从而提高效率和减少压力。通过制定每日、每周和每月计划，个体可以更好地掌控自己的时间和精力，确保重要任务得到优先处理。例如，使用番茄工作法或时间块法可以帮助个体集中注意力并提高工作效率。

自我反思是培养自我驱动力的另一个重要策略。通过定期回顾自己的行为和成果，个体可以识别出自己的优点和不足，从而制定改进计划。自我反思还能够帮助个体保持对目标的清晰认识，并调整策略以应对变化的环境。例如，每周进行一次自我反思，记录下本周的成就和挑战，并制定下周的改进计划，可以帮助个体不断进步并保持动力。

持续学习是培养自我驱动力的关键因素之一。在快速变化的社会中，不断学习新知识和技能能够帮助个体保持竞争力和适应性。通过阅读书籍、参加培训课程和向他人学习，个体可以不断扩展自己的知识面和技能库，从而更好地应对各种挑战和机遇。例如，一个职场人士如果定期参加行业会议和阅读专业书籍，那么他可能会在工作中表现出更高的专业水平和创新能力。

寻求反馈也是培养自我驱动力的重要策略。通过向他人寻求反馈，个体可以了解自己的表现和改进空间，从而制定更有针对性的改进计划。例如，定期向上级、同事或朋友寻求反馈，可以帮助个体识别出自己的优点和不足，并制定改进计划。

自我驱动力在职场、学业和个人生活中都具有广泛的应用。在职场中，自我驱动力能够帮助员工主动承担责任、提升工作效率并追求职业发展。例如，一个具有高度自我驱动力的员工可能会主动学习新技能、提出创新建议并积极参与团队合作，从而在职场中脱颖而出并实现职业目标。

在学业中，自我驱动力能够帮助学生保持学习动力、提高学习成绩并实现学术目标。例如，一个具有高度自我驱动力的学生可能会主动制定学习计划、寻找有效的学习方法并积极参与课堂讨论，从而在学业中取得优异成绩并实现学术目标。

在个人生活中，自我驱动力能够帮助个体实现个人目标、提升生活质量并追求幸福。例如，一个具有高度自我驱动力的个体可能会主动制定健康计划、培养兴趣爱好并积极参与社交活动，从而在个人生活中实现平衡和幸福。

自我驱动力的激发与培养是一个持续的过程，需要个体不断挖掘内在动机、设定明确目标、培养积极心态和习惯，并通过时间管理、自我反思、持续学习和寻求反馈等策略不断提升自我。在职场、学业和个人生活中，自我驱动力都能够帮助个体实现目标、提升效率并追求幸福。

随着社会的不断发展和变化，自我驱动力的重要性将愈发凸显。未来，个体需要更加注重自我驱动力的激发与培养，以应对日益复杂和多变的环境。同时，社会各界也应提供更多的支持和资源，帮助个体提升自我驱动力，从而实现个人和社会的共同进步。例如，企业可以提供更多的培训和发展机会，学校可以注重培养学生的自主学习能力，社会可以营造更加积极和支持的环境。

总之，自我驱动力的激发与培养是一个终身的过程，需要个体不断努力和探索。通过不断激发和培养自我驱动力，个体可以在快速变化的社会中保持竞争力和适应性，从而实现个人成长和成功。

责任感与使命感的树立

责任感与使命感是个人成长、社会进步和国家发展的重要基石。它们不仅是个体行为的内在驱动力，更是社会和谐、国家繁荣的精神支柱。在现代社会中，随着信息技术的迅猛发展和全球化的深入，个人与社会、国家之间的联系愈发紧密，责任感与使命感的树立显得尤为重要。

责任感是指个体对自身行为及其后果的认知和承担。它要求我们在做出每一个决定时，都要考虑到可能的影响，并为自己的选择负责。责任感不仅体现在个人生活中，如家庭责任、工作责任，也体现在社会生活中，如公民责任、环境责任等。具备责任感的人往往更加自律，能够在面对困难时坚持不懈，勇于承担后果。

使命感则是指个体对自身在社会中所扮演角色的深刻理解和坚定信念。它超越了个人利益，关注的是社会价值和意义。使命感强的人通常有明确的目标和方向，愿意为实现这些目标付出努力，甚至在面对挫折时也能保持坚定的信念。使命感不仅能够激励个人不断进步，还能够推动社会的发展和进步。

责任感和使命感在个人成长和社会发展中起着至关重要的作用。对于个人而言，具备责任感和使命感能够提升自我价值感，增强自信心，促进心理健康。它们能够帮助个人在面对挑战时保持积极的态度，勇于承担责任，从而在职业生涯和个人生活中取得更大的成就。对于社会而言，责任感和使命感是构建和谐社会的基石。具备这些品质的公民更有可能积极参与社会事务，关心他人，推动社会公平和正义，从而促进社会的整体进步。

树立责任感和使命感需要从多个方面入手，包括家庭教育、学校教育、社会实践以及自我反思和目标设定等。

家庭教育是培养责任感和使命感的起点。父母应该从小教育孩子对自己的行为负责，鼓励他们参与家庭事务，如分担家务、照顾弟妹等。通过这些日常生活中的小任务，孩子可以逐渐认识到自己的行为对家庭的影响，从而培养出初步的责任感。此外，父母还应该通过言传身教，向孩子传递正确的价值观和社会责任感，帮助他们理解自己在社会中的角色和使命。

学校教育在培养责任感和使命感方面也起着至关重要的作用。学校可以通过课程设置和课外活动，帮助学生树立正确的价值观和社会责任感。例如，学校可以开设公民教育课程，教授学生关于社会责任、环境保护、公共道德等方面的知识。此外，学校还可以组织各种社会实践活动，如志愿服务、社区清洁等，让学生在实践中体验到责任感和使命感的重要性。通过这些活动，学生不仅能够增强社会责任感，还能够培养团队合作精神和领导能力。

社会实践是培养责任感和使命感的重要途径。通过参与社会实践活动，个体可以亲身体验到自己的行为对社会的影响，从而增强责任感。例如，参与环保活动可以让人意识到环境保护的重要性，从而在日常生活中更加注重环保；参与志愿服务活动可以让人感受到帮助他人的快乐，从而增强社会责任感。社会实践不仅能够帮助个体树立责任感和使命感，还能够提升他们的综合素质和社会适应能力。

自我反思和目标设定是树立责任感和使命感的内在动力。个体应该定期进行自我反思，审视自己的行为和价值观，找出不足之处并加以改进。通过自我反思，个体可以更加清晰地认识到自己的责任和使命，从而增强责任感和使命感。此外，设定明确的目标也是树立责任感和使命感的重要方法。个体应该根据自己的兴趣和能力，设定短期和长期目标，并为之付出努力。通过实现这些目标，个体可以不断增强自信心和责任感，从而更加坚定地履行自己的使命。

通过具体案例分析，我们可以更直观地理解责任感和使命感在实际生活中的体现及其重要性。

案例一：张桂梅创办免费女子高中

张桂梅在云南贫困山区创办了全国第一所免费女子高中——华坪女子高级中学，帮助数千名贫困女孩接受教育。她坚信教育能改变命运，尽管面临健康和经济压力，仍坚持办学，体现了其对教育事业的深厚责任感与使命感。

案例二：环保志愿者李华的使命感

李华是一名环保志愿者，她从小就对环境保护有着浓厚的兴趣。在大学期间，她积极参与各种环保活动，并组织了多次社区清洁行动。毕业后，她选择加入一家专注于环保的非政府组织，致力于推动环保政策的制定和实施。李华的使命感不仅体现在她的职业选择上，还体现在她的日常生活中。她始终坚持低碳生活，积极参与环保宣传，影响了身边的许多人。通过她的努力，社区的环保意识显著提高，环境质量也得到了改善。

案例三：企业家的责任感

某企业家在经营企业的过程中，始终坚持诚信经营，注重产品质量和客户服务。他不仅关注企业的经济效益，还积极履行社会责任，如支持教育、扶贫等公益事业。在一次经济危机中，许多企业选择裁员以降低成本，但他却坚持不裁员，并通过内部调整和优化管理，带领企业度过了难关。他的责任感不仅赢得了员工的信任和尊重，也提升了企业的社会形象和竞争力。

这些案例表明，责任感和使命感不仅能够驱动个人取得成功，还能够对社会产生积极的影响。通过树立和践行责任感和使命感，个体在实现自我价值的同时，从而为社会的发展和进步做出贡献。

在树立责任感和使命感的过程中，个体可能会面临各种挑战，如外部环境的压力、自我认知的不足等。为了有效应对这些挑战，个体需要采取积极的策略。

外部环境的压力是一个常见的挑战。社会竞争激烈、工作压力大等因素可能会让个体感到迷茫和无力，从而影响责任感和使命感的树立。为了应对这一挑战，个体需要学会调整心态，保持积极乐观的态度。可以通过与家人、朋友或专业人士交流，寻求支持和帮助。此外，个体还应该学会合理分配时间和精力，避免过度劳累，保持身心健康。

自我认知的不足也是一个重要的挑战。个体可能会因为缺乏清晰的自我认知，而无法明确自己的责任和使命。为了应对这一挑战，个体需要进行深入的自我反思，了解自己的兴趣、能力和价值观。可以通过阅读、参加培训、寻求导师指导等方式，不断提升自我认知。此外，设定明确的目标也是增强自我认知的重要方法。个体应该根据自己的兴趣和能力，设定短期和长期目标，并为之付出努力。

社会环境的复杂性也是一个不可忽视的挑战。在现代社会，信息过载、价值观多元化等因素可能会让个体感到困惑，难以明确自己的责任和使命。为了应对这一挑战，个体需要保持独立思考的能力，不盲目跟风。可以通过阅读经典著作、参加讨论、与有经验的人交流等方式，提升自己的思辨能力。此外，个体还应该关注社会热点问题，了解社会发展的趋势和需求，从而更好地确定自己的责任和使命。

责任感和使命感的树立是一个长期而复杂的过程，需要家庭、学校、社会以及个体自身的共同努力。通过家庭教育、学校教育、社会实践以及自我反思和目标设定，个体可以逐步树立和增强责任感和使命感。在面对外部环境的压力、自我认知的不足以及社会环境的复杂性等挑战时，个体需要采取积极的应对策略，保持积极乐观的态度，不断提升自我认知和思辨能力。

责任感和使命感不仅能够提升个人的自我价值感和心理健康，还能够推动社会的和谐与进步。因此，树立和培养责任感和使命感，对于个人和社会都具有重要的意义。

在未来的生活中，我们应该不断反思自己的行为和价值观，明确自己的责任和使命。培养新时代青年责任感和使命感，我们不仅可以实现自我价值，也可以为社会做出贡献，共同构建一个更和谐更美好的社会。

积极情绪对逆袭的推动

在人生的旅途中，逆境与挫折是不可避免的。无论是个人生活、职业发展，还是社会环境的变迁，我们都会面临各种各样的挑战。然而，面对逆境时，不同的人会有截然不同的反应，有些人选择放弃，陷入消极情绪的泥潭，而有些人则能够迎难而上，最终实现逆袭。

逆境是不可避免的，然而，面对逆境时，有些人能够逆袭成功，而有些人则被困境击垮。这种差异的背后，积极情绪扮演了至关重要的角色。积极情绪不仅能够帮助人们在逆境中保持乐观和坚韧，还能激发创造力、增强行动力，从而推动逆袭的实现。

一、积极情绪的定义与作用

（一）积极情绪的定义

积极情绪是指个体在经历愉快、满足、希望等正向体验时产生的情绪状态。常见的积极情绪包括快乐、感恩、希望、自信、满足、热情等。与消极情绪不同，积极情绪能够让人感受到生活的美好，增强个体的心理韧性，培养面对挑战的内在力量。

（二）积极情绪的作用

积极情绪在个体心理、生理和社会行为方面具有多重作用：

1. 心理层面

积极情绪能够提升个体的幸福感和满足感，减少焦虑和抑郁等负面情绪的影响。

2. 生理层面

研究表明，积极情绪可以增强免疫系统的功能，降低患病风险，并促进身体健康。

3. 社会层面

积极情绪能够改善人际关系，增强个体的社交能力和合作意愿。

4. 认知层面

积极情绪可以拓宽个体的思维范围，增强创造力和问题解决能力。

积极情绪的这些作用，使其成为个体在逆境中实现逆袭的重要推动力。

二、积极情绪对逆袭的推动机制

（一）增强心理韧性

心理韧性是指个体在面对逆境时能够保持积极心态并迅速恢复的能力。积极情绪能够增强心理韧性。例如，当一个人面临职业挫折时，如果他能够保持自信与希望，就有可能找到新的机会并实现逆袭。

（二）激发创造力与解决问题的能力

积极情绪能够突破个体的思维局限，激发创造力和问题解决能力。在逆境中，个体往往需要寻找新的解决方案来突破困境。积极情绪能够帮助个体跳出固有思维模式，发现更多的可能性。例如，一个创业者在面对市场困境时，如果能够保持热情和乐观，就更有可能找到创新的商业模式，从而扭转局面。

（三）增强行动力与执行力

积极情绪能够激发个体的内在动力，增强行动力和执行力。在逆境中，个体往往需要付出更多的努力才能实现目标。积极情绪能够帮助个体克服拖延和畏难情绪，主动采取行动。例如，一个学生在面对学业压力时，如果能够保持自信和满足感，制定合理的学习计划并坚持执行，就可能最终取得优异成绩。

（四）改善人际关系并获得支持

积极情绪能够改善人际关系，增强个体的社交能力和合作意愿。在逆境中，个体的社会支持网络往往起到关键作用。积极情绪能够帮助个体与他人建立良好的关系，获得更多的支持和帮助。例如，一个职场新人在面对工作挑战时，如果能够保持热情和感恩，就更有可能获得同事和领导的指导，从而更快地适应工作环境。

（五）提升自我效能感

自我效能感是指个体对自己完成某项任务的能力的信念。积极情绪能够提升自我效能感，增强个体的自信心和行动意愿。在逆境中，自我效能感的高低往往决定了个体是否能够坚持到底。例如，一个运动员在比赛失利后，如果能够保持自信与希望，就有可能通过刻苦训练实现逆袭。

三、如何培养积极情绪

（一）调整认知方式

认知方式对情绪的产生具有重要影响。个体可以通过调整认知方式，培养积极情绪。例如，在面对挫折时，个体可以将失败视为一次学习的机会，而不是对自身能力的否定。这种积极的认知方式能够帮助个体保持乐观。

（二）培养感恩心态

感恩是一种重要的积极情绪。个体可以通过记录每天的感恩事项，培养感恩心态。例如，每天睡前写下三件让自己感到感恩的事情，能够帮助个体关注生活中的积极面，从而提升幸福感。

（三）设定可实现的目标

设定可实现的目标能够帮助个体获得成就感和满足感，从而激发积极情绪。例如，个体可以将长期目标分解为多个短期目标，每完成一个短期目标就给予自己适当的奖励，从而保持动力和热情。

（四）参与有意义的活动

参与有意义的活动能够帮助个体体验到成就感和价值感，从而激发积极情绪。例如，个体可以参与志愿服务、兴趣小组或社区活动，通过帮助他人或实现自我价值，获得积极的情绪体验。

（五）练习正念与冥想

正念与冥想是一种有效的情绪调节方法。个体可以通过练习正念与冥想，增强对当下体验的觉察，减少负面情绪的影响。例如，每天花 10 分钟进行正念呼吸练习，能够帮助个体放松身心，保持平静和愉悦。

（六）建立积极的社会支持网络

积极的社会支持网络能够帮助个体在逆境中获得情感支持和实际帮助，从而保持积极情绪。例如，个体可以通过与家人、朋友或同事保持密切联系，分享自己的感受和经历，获得理解和支持。

四、积极情绪推动逆袭的案例

（一）个人案例

某位年轻人在创业初期遭遇了资金短缺和市场冷遇的双重打击。然而，他始终保持着乐观和自信，将失败视为一次学习的机会。通过不断调整商业模式，并积极寻求合作伙伴的支持，他最终成功实现了逆袭，将公司发展成为一个行业领先的企业。

（二）社会案例

某社区在自然灾害中遭受了严重损失。面对困境，社区居民团结一致，积极投入重建工作。他们感恩彼此的支持，最终在短时间内恢复了社区的正常运转，并创造了更加美好的生活环境。

（三）国家案例

某国在经济发展中遭遇了严重的外部挑战。然而，政府通过制定积极的政策，鼓励创新和合作，激发了国民的创造力和行动力。国民在政府的引导下，最终实现了经济增长，提升了国家的国际地位。

积极情绪是推动逆袭的重要力量。它能够增强心理韧性、激发创造力、增强行动力、改善人际关系，并提升自我效能感。在逆境中，个体可以通过调整认知方式、培养感恩心态、设定可实现的目标、参与有意义的活动、练习正念与冥想，以及建立积极的社会支持网络，培养积极情绪，从而为实现逆袭提供内在动力。无论是在个人生活、职业发展，还是社会进步中，积极情绪都发挥着不可替代的作用。让我们学会拥抱积极情绪，在逆境中实现逆袭，创造更加美好的未来。

内心恐惧的克服与超越

恐惧是人类与生俱来的一种情绪,它源于对未知、危险、失败或失去的深深担忧。恐惧既能帮助我们在危险面前保持警觉,也可能成为阻碍我们成长的枷锁。内心的恐惧,尤其是那些根深蒂固的恐惧,往往会影响我们的决策、行为和生活质量。然而,恐惧并非不可战胜。通过理解恐惧的本质、掌握克服恐惧的方法,并逐步超越恐惧,我们可以重新掌控自己的生活,迈向更广阔的天地。

恐惧是人类最原始的情感之一,它深深植根于我们的基因之中。从进化心理学的角度来看,恐惧是一种保护机制,它帮助我们的祖先在危机四伏的原始环境中生存下来。当面对猛兽或自然灾害时,由恐惧激发的战斗或逃跑反应,使人类得以延续。这种本能在现代社会依然发挥着重要作用,它让我们对危险保持警惕,对未知保持敬畏之心。

在现代社会,恐惧的表现形式发生了深刻变化。我们不再担心野兽的袭击,但会为工作压力、人际关系、未来规划而焦虑。这些新型恐惧反映了人类对自我实现的追求,对社会认同的渴望。恐惧已经从单纯的生存本能,演变为复杂的心理现象,它既是对外部刺激的反应,也是内心世界的投射。

恐惧与人类认知能力的发展密不可分。正是对未知的恐惧,推动人类不断探索和创新。从航海时代对海洋的征服,到太空时代对宇宙的探索,每一次重大突破都始于对未知的恐惧,终于对恐惧的超越。恐惧激发了人类的求知欲和创造力,它是文明进步的催化剂。

恐惧具有独特的心理学意义,它是自我认知的一面镜子。当我们感到恐惧时,实际上是在面对内心的脆弱。对失败的恐惧可能源于对自我价值的怀疑,对孤独的恐惧可能反映了对归属感的渴望。通过分析恐惧的根源,我们能够更深入地理解自己，找到成长的方向。

恐惧与个人成长之间存在辩证关系。适度的恐惧能够激发潜能，推动我们突破舒适区。许多成功人士都经历过"恐惧—克服—成长"的循环。恐惧不是需要逃避的情绪，而是需要转化的能量。当我们学会与恐惧对话，就能将其转化为前进的动力。

建立正确的恐惧认知模式至关重要。我们需要认识到，恐惧是普遍存在的，它不是软弱的表现，而是人性的自然流露。通过接纳恐惧，我们能够建立更强大的心理韧性。这种韧性不是对恐惧的免疫，而是在恐惧中保持清醒和行动的能力。

超越恐惧需要系统的方法论。首先是认知重构，改变对恐惧的负面评价，将其视为成长的机会。其次是暴露疗法，循序渐进地面对恐惧源，建立新的神经通路。最后是意义重构，将恐惧体验转化为生命智慧。这些方法需要持之以恒的实践，才能产生持久的效果。

历史上无数杰出人物都经历过恐惧的洗礼。海伦·凯勒在黑暗与寂静中找到了光明，曼德拉在27年的监禁中淬炼出宽恕的力量。他们的故事告诉我们，恐惧不是终点，而是新生的起点。通过克服恐惧，他们实现了精神的升华，创造了非凡的人生价值。

超越恐惧带来的是生命的升华。当我们不再被恐惧所困，就能以更开放的心态拥抱生活，以更坚定的信念追求理想。这种升华不是恐惧的消失，而是与恐惧达成和解。它让我们在面对不确定性时保持从容，在遭遇挫折时保持希望。

在这个充满挑战的时代，我们比任何时候都需要学会与恐惧共处。恐惧不是需要战胜的敌人，而是需要理解的朋友。它揭示了我们生命的脆弱，也彰显生命的韧性。通过直面恐惧，我们能够获得更深层的自我认知。通过超越恐惧，我们能够实现更崇高的精神追求。让我们以智慧的眼光审视恐惧，以勇气的力量超越恐惧。在这个过程中，我们不仅能够获得个人的成长，更能为人类文明的进步贡献力量。恐惧终将化作阶梯，引领我们走向更广阔的人生境界。

无论在生活或工作中，认识恐惧、克服恐惧才是最优解。

（一）识别与接纳恐惧

克服恐惧的第一步是识别并接纳它的存在。个体可以通过自我反思或与专业人士交流，了解自己恐惧的根源和表现形式。接纳恐惧并不意味着屈服于它，而是承认它的存在，并意识到它是可以被改变的。

（二）逐步暴露法

逐步暴露法是一种有效的行为治疗法。个体可以通过逐步接触恐惧源，逐渐降低对它的敏感度。例如，对公众演讲感到恐惧的人可以先在朋友面前练习，然后在小范围内演讲，最后逐渐扩大观众规模。

（三）认知重构

认知重构是指通过改变对恐惧的认知方式，减少其对情绪和行为的影响。例如，个体可以将不确定性视为生活的常态，而不是威胁。

（四）放松与正念练习

放松与正念练习可以帮助个体缓解恐惧带来的生理和心理紧张。例如，深呼吸、冥想或瑜伽练习可以帮助个体在恐惧时保持冷静，增强对情绪的控制力。

（五）寻求社会支持

社会支持在克服恐惧中起着重要作用。个体可以通过与家人、朋友或专业人士交流，获得情感支持和实际帮助。例如，对社交感到恐惧的人可以加入支持小组，在安全的环境中练习社交技能。

（六）设定小目标并逐步实现

设定小目标可以帮助个体逐步建立自信，减少对恐惧的依赖。例如，对职业发展感到恐惧的人可以先设定一个短期目标，如完成一项小任务，然后逐步挑战更大的目标。

内心的恐惧是人类共同的情感体验，通过识别与接纳恐惧、运用科学的方法逐步克服恐惧，并在超越恐惧的过程中实现自我成长。恐惧不是终点，而是我们成长的起点。让我们勇敢面对内心的恐惧，在克服与超越的过程中，发现自己的无限潜能，创造更加美好的人生。

持续保持激情与提升

激情是一种强大的内在驱动力，它能够激发个体的创造力、行动力和韧性，使我们在追求目标的过程中充满热情与活力。然而，激情并非一成不变，它可能会随着时间的推移、环境的变化或个人的状态而减弱甚至消失。如何在生活和工作中保持并提升持续激情，成为许多人关注的重要课题。

在当今快速变化的社会中，保持和提升持续激情对个人和组织的发展至关重要。激情不仅能够推动个人不断进步，还能为组织注入活力，促进创新和成长。然而，在长期的工作和生活中，许多人面临着激情消退的挑战。

激情是一种强烈而持久的情感状态，它能够激发人们的内在动力，推动他们为实现目标而不懈努力。持续激情具有以下几个特征：首先，它是一种积极的情感体验，能够带来满足感和成就感；其次，它具有持久性，能够在长期内保持稳定；最后，它与个人价值观和兴趣密切相关，能够激发内在动机。

激情对个人和组织都有着重要的积极影响。对个人而言，持续激情能够显著提高工作满意度和幸福感，增强抗压能力，促进个人成长和发展。在组织层面，充满激情的员工往往更具创造力和生产力,能够为组织带来更多创新和突破。同时,激情还具有传染性,能够激发团队士气,营造积极向上的工作氛围。

保持持续激情需要关注多个关键因素。首先,明确目标和愿景至关重要。清晰的目标能够为激情提供方向,而远大的愿景则能够激发长期动力。个人应该设定具有挑战性但又可实现的目标,并定期回顾和调整,以保持激情的新鲜感。

其次,培养兴趣和热情是保持激情的基础。个人应该积极探索自己的兴趣所在,将兴趣与工作相结合,从而获得持续的内在动力。同时,保持好奇心,不断尝试新事物,也能够帮助维持激情的活力。

无论在生活或工作中,持续激情的保持和提升至关重要:

(一)明确目标与意义

明确的目标和意义是保持激情的基础。个体可以通过设定清晰、可实现的目标,并思考其背后的意义,增强对目标的认同感和投入度。例如,一个创业者可以通过明确自己的使命和愿景,保持对事业的长期激情。

(二)分解目标与庆祝小成就

将大目标分解为多个小目标,并在实现每个小目标时给予自己适当的奖励,能够帮助个体保持动力和激情。例如,一个作家可以设定每天写作的字数目标,并在完成时奖励自己一次小休息。

(三)持续学习与成长

持续学习和成长是保持激情的重要途径。个体可以通过学习新知识、掌握新技能或挑战新领域,保持对事物的新鲜感和好奇心。例如,一个设计师可以通过参加行业研讨会或学习新技术,保持对设计的热爱。

(四)寻求反馈与支持

及时的反馈和社会的支持能够帮助个体保持激情。个体可以通过与他人交流、寻求导师的指导或加入志同道合的群体，获得反馈和支持。例如，一个运动员可以通过与教练和队友的互动，保持对训练的热情。

（五）平衡工作与生活

平衡工作与生活是防止倦怠、保持激情的关键。个体可以通过合理安排时间、培养兴趣爱好或进行放松活动，保持身心的平衡。例如，一个程序员可以通过定期锻炼或旅行，缓解工作压力，保持对编程的热情。

（六）培养感恩与正念心态

感恩与正念心态能够帮助个体关注生活中的积极面，激发激情。例如，个体可以通过每天记录感恩事项或进行正念冥想，保持对生活的热爱。

（七）不断挑战自我

不断挑战自我是提升激情的重要方法。个体可以通过设定更高的目标、尝试新事物或走出舒适区，激发内在的动力。例如，一个企业家可以通过拓展新市场或开发新产品，保持对事业的激情。

建立支持系统也是保持激情的重要因素。这包括寻求家人、朋友和同事的理解和支持，建立积极的社交网络。在遇到困难时，支持系统能够提供情感支持和实际帮助，帮助个人度过低谷期，重拾激情。

持续学习和自我反思是保持激情的另一个关键。通过不断学习新的知识和技能，让自己得到进步和成长，从而长久保持激情。同时，定期进行自我反思，评估自己的进步和不足，能够帮助自己调整方向，保持激情的持续性。

为了提升激情，个人可以采取多种策略和方法。首先，挑战自我和突破舒适区是激发激情的重要途径。通过尝试新事物、接受新挑战，个人能够获得新的体验和成就感，从而提升激情。这包括学习新技能、承担新责任或参与创新项目等。

培养积极心态和情绪管理能力也是提升激情的关键。积极乐观的态度能够帮助个人更好地应对挑战和挫折，保持激情的稳定性。同时，学会管理负面情绪，如压力、焦虑等，能够防止这些情绪侵蚀激情。

建立健康的工作生活平衡对于提升激情同样重要。过度工作可能导致倦怠，从而削弱激情。因此，个人应该合理安排工作和休息时间，培养兴趣爱好，保持身心健康，这样才能以更好的状态投入工作，维持和提升激情。

寻求反馈和认可也是提升激情的有效方法。积极的反馈会使个体对自己的能力和价值产生更积极的认知，进而激发个体的积极行动和努力。个人应该主动寻求来自上司、同事和客户的反馈，同时也要学会自我肯定，认可自己的进步和成就。

组织在保持和提升员工激情方面扮演着重要角色。首先，营造积极向上的组织文化至关重要。一个鼓励创新、包容失败、重视员工成长的组织文化能够激发员工的激情和创造力。组织应该倡导开放、信任和协作的氛围，让员工感受到自己的价值和贡献。

提供成长和发展机会是组织保持员工激情的另一个重要方面。这包括提供培训、轮岗、导师制等机会，帮助员工不断学习和进步。同时，清晰的职业发展路径和晋升机会也能够激励员工保持激情，追求卓越。

设计有效的激励机制同样重要。除了传统的薪酬激励外，组织还应该考虑非物质的激励方式，如认可、授权、参与决策等。个性化的激励方案能够更好地满足不同员工的需求，从而更有效地激发和维持他们的激情。

持续激情的保持与提升是一个复杂而重要的课题，它需要个人和组织的共同努力。通过明确目标、培养兴趣、建立支持系统、持续学习和自我反思，个人能够更好地保持和提升自己的激情。同时，组织在营造积极的组织文化、提供发展机会和设计有效激励机制方面的作用也不容忽视。

未来的研究可以进一步探讨不同行业、不同职业阶段下激情保持和提升策略的差异,以及新技术对激情管理的影响。只有个人和组织共同努力,才能实现持续激情的保持与提升,从而推动个人成长和组织发展的良性循环。

PART 4

行动策略的制定

  行动策略是连接目标与现实的桥梁,是将理想转化为具体行动的关键环节。行动策略的制定始于对目标的清晰认知。明确的目标为策略的制定提供方向,而深入的环境分析则为策略的制定奠定基础。

  优秀的行动策略不仅要有前瞻性,更要具备灵活性。在快速变化的市场环境中,策略制定者需要建立动态调整机制,确保策略能够及时响应环境变化,保持战略的有效性。

短期行动目标的明确与规划

在当今快节奏的社会中,明确和规划短期行动目标对于个人和组织都至关重要。短期行动目标不仅能够帮助我们集中精力、提高效率,还能为长期目标的实现奠定坚实的基础。

在个人成长、职业发展和生活管理中,设定并实现短期行动目标是至关重要的一环。短期目标不仅能够帮助我们分解长期目标,使其更具有可操作性,还能为我们提供清晰的方向和即时反馈,从而增强行动力和在工作中的成就感。然而,许多人在设定短期目标时常常感到迷茫,或者在执行过程中遇到困难。

一、短期目标的定义与作用

(一)短期目标的定义

短期目标是指在相对较短的时间内(通常为几天到几个月)可以实现的具体目标。它们通常是长期目标的一部分,能够帮助个体逐步接近更大的愿景。短期目标具有明确性、可衡量性和可实现性,是行动计划的基石。

(二)短期目标的作用

短期目标在个人和职业发展中具有多重作用:

1. 提供清晰的方向

短期目标能够为个体提供明确的方向,减少迷茫和拖延。

2. 增强行动力

短期目标具有的具体性和可实现性的特点能够激发个体的行动力,使其更容易开始并坚持下去。

3. 提供即时反馈

短期目标的实现能够为个体提供即时的反馈和成就感,增强自信心和动力。

4. 分解长期目标

短期目标能够将长期目标分解为可操作的步骤,使其更具可行性。

5. 提高效率

短期目标能够帮助个体集中精力,避免分心,从而提高效率。

二、明确短期目标的方法

(一)遵循 SMART 原则

SMART 原则是设定目标的有效工具,它包括以下五个方面:

1.Specific(具体)

目标应明确具体,避免模糊不清。例如,"每天阅读 30 分钟"比"多读书"更具体。

2.Measurable(可衡量)

目标应能够量化或可评估。例如,"每周跑步三次,每次 5 公里"比"多运动"更可衡量。

3.Achievable(可实现)

目标应具有挑战性但可实现。例如,对于一个初学者来说,"每天跑步 10 公里"可能不现实。

4.Relevant(相关性)

目标应与个人的长期目标或价值观一致。例如,如果长期目标是健康,那么"每天吃一份蔬菜"是相关的。

5.Time-bound(有时限)

目标应设定明确的时间期限。例如,"在三个月内完成一门在线课程"比"完成一门在线课程"更有紧迫感。

(二)分解长期目标

将长期目标分解为多个短期目标,能够使其更具可操作性。例如,如果长期目标是"在一年内写一本书",可以将其分解为"每月写一章"或"每周写 5000 字"的短期目标。

（三）优先级排序

在设定短期目标时，优先级排序非常重要。个体可以根据目标的重要性、紧急性和可行性进行排序，确保将精力集中在最关键的目标上。例如，使用"重要—紧急矩阵"可以帮助个体识别优先事项。

（四）明确动机

明确动机能够提高和增强个体的投入度和坚持性。个体可以通过思考"为什么这个目标对我重要？"或"实现这个目标会带来什么好处？"来增强内在动力。

三、规划与执行策略

（一）制定行动计划

行动计划是实现短期目标的具体步骤。个体可以将目标分解为多个小任务，并为每个任务设定时间表和资源需求表。例如，如果目标是"在三个月内学会一门新技能"，可以制定每周的学习计划和练习时间。

（二）设定里程碑

设定里程碑能够帮助个体跟踪进度并获得成就感。例如，如果目标是"在六个月内完成一个项目"，可以设定每月或每两周的里程碑，检查是否按计划推进。

（三）建立习惯

将短期目标与日常习惯结合，能够提高执行的可持续性。例如，如果目标是"每天阅读30分钟"，可以将其安排在固定的时间段，如睡前或早晨。

（四）监控与调整

定期监控目标的进展，并根据实际情况进行调整，是确保目标实现的关键。例如，如果发现某个任务比预期更耗时，可以重新分配时间或资源。

（五）寻求支持

寻求他人的支持能够增强个体的执行力和责任感。例如，可以与朋友、同事或导师分享目标,并定期汇报进展,获得反馈和鼓励。

(六)奖励机制

设定奖励机制能够增强个体的动力和成就感。例如,在完成一个短期目标后,可以奖励自己一次小旅行或购买一件心仪已久的物品。

四、实际案例

(一)个人案例

某位大学生希望在三个月内提高英语口语能力。他设定了每周与外国朋友交流两次、每天练习口语30分钟的短期目标,并制定了详细的学习计划。通过坚持执行和定期检查,他不仅实现了目标,还在口语考试中取得了优异成绩。

(二)职场案例

某位职场新人希望在六个月内提升项目管理能力。她设定了每月完成一个项目、每周学习项目管理知识的短期目标,并参加了相关的培训课程。通过不断实践和总结,她不仅获得了同事和领导的认可,还成功晋升为项目主管。

(三)生活案例

某位家庭主妇希望在两个月内养成健康的生活习惯。她设定了每天锻炼30分钟、每周尝试一种新食谱的短期目标,并邀请家人一起参与。通过不断坚持,她不仅改善了健康状况,还增进了家庭关系。

短期行动目标的明确与规划是实现个人成长和职业发展的重要工具。通过遵循SMART原则、分解长期目标、优先级排序和明确动机,个体可以设定清晰且可行的短期目标。通过制定行动计划、设定里程碑、建立习惯、监控与调整、寻求支持和奖励机制,个体可以有效执行并实现目标。让我们学会设定并实现短期目标,在追求梦想的道路上,迈出坚实的每一步,创造更加美好的未来。

高效时间管理的方法与技巧

在当今快节奏的社会中,高效时间管理已成为个人和职业成功的关键因素。无论是职场人士、学生还是家庭主妇,高效的时间管理都能显著提高生产力、减少压力并提升生活质量。

时间是我们最宝贵的资源之一,然而,许多人常常感到时间不够用,无法在有限的时间内完成既定的任务和目标,高效的时间管理能够帮助我们提高工作效率。

时间管理是指通过合理规划和有效利用时间,以提高工作效率和生活质量。它不仅关乎个人的生产力,还直接影响职业发展和生活满意度。良好的时间管理能够帮助人们更好地应对多任务处理、减少拖延、提高专注力,从而在有限的时间内完成更多的任务。

时间管理对个人和职业生活的影响深远。在个人层面,良好的时间管理可以减少压力,增加休闲时间,提升生活质量。在职业层面,高效的时间管理能够提高工作效率,增强职业竞争力,促进职业发展。例如,一个能够合理安排时间的员工,往往能够在规定时间内高质量地完成任务,从而获得更多的晋升机会和职业成就。

设定明确的目标是高效时间管理的第一步。目标可以分为短期目标和长期目标。短期目标通常是在几天、几周或几个月内可以实现的目标,而长期目标则可能需要数年甚至更长时间才能实现。明确的目标能够为时间管理提供清晰的方向和动力。

一、优先级排序

在时间管理中，优先级排序是确保重要任务得到及时处理的关键。艾森豪威尔矩阵是一种常用的优先级排序工具，它将任务分为四类：重要且紧急、重要但不紧急、不重要但紧急、不重要且不紧急。通过这种分类，可以更好地识别和处理高优先级任务，避免时间浪费在低优先级任务上。

重要且紧急的任务需要立即处理，例如即将到期的项目或突发危机。重要但不紧急的任务应提前规划，例如长期职业发展计划或健康管理。不重要但紧急的任务可以委派他人处理，例如一些日常琐事。不重要且不紧急的任务则应尽量减少或避免，例如无意义的社交活动或娱乐。

二、制定时间表和计划

制定时间表和计划是高效时间管理的核心步骤。每日、每周和每月的时间表能够帮助人们合理安排时间，确保各项任务按时完成。制定时间表时，应考虑到任务的优先级、所需时间和个人精力水平。

使用日历和待办事项列表是制定时间表的有效工具。日历可以帮助人们直观地查看时间安排，避免时间出现冲突。待办事项列表则可以帮助人们记录和跟踪任务，确保不遗漏任何重要事项。例如，可以使用 Google 日历或 Outlook 日历进行时间安排，并使用 Todoist 或 Trello 等应用管理待办事项。

三、避免拖延和分心

拖延和分心是时间管理的两大敌人。拖延是指推迟或延迟完成任务的行为，而分心则是指注意力被无关事物吸引，导致工作效率下降。克服拖延和分心需要采取有效的策略。

克服拖延的方法主要包括设定明确的截止日期、分解大任务为小任务、奖励自己完成任务等。例如，可以将一个大项目分解为多个小任务，并为每个小任务设定具体的完成时间,从而减少拖延的可能性。减少分心的策略主要包括创造一个安静的工作环境、使用番茄工作法、关闭无关的电子设备等。例如,可以使用番茄工作法,每工作 25 分钟休息 5 分钟,以提高专注力和工作效率。

四、有效利用碎片化时间

碎片化时间是指日常生活中零散的时间段,例如等车、排队、午休等。这些时间虽然短暂,但如果有效利用,可以显著提高生产力。识别和利用碎片时间需要灵活的计划和任务安排。

利用碎片化时间的方法包括阅读、学习、回复邮件、规划任务等。例如,可以在等车时阅读一篇行业类文章或在午休时回复几封重要邮件。通过有效利用碎片化时间,可以在不影响主要任务的情况下,完成更多的次要任务,从而提高整体效率。

五、学会拒绝和委派

学会拒绝和委派是高效时间管理的重要技能。拒绝不必要的任务和请求可以避免时间浪费,集中精力处理高优先级任务。委派任务则可以将部分工作分配给他人,减轻自己的负担。

拒绝的技巧包括明确表达自己的立场、提供替代方案、保持礼貌和坚定。例如,当同事请求帮助时,可以礼貌性地拒绝并建议他们寻求其他资源。委派任务的策略包括提供合适的委派对象、明确任务要求和期望、提供必要的支持和反馈。例如,可以将一些日常琐事委派给助理或团队成员,从而集中精力处理更重要的工作。

六、定期回顾和调整

定期回顾和调整时间管理计划是确保其持续有效的重要步骤。通过定期回顾,可以识别时间管理中的问题和不足,及时进行调整和优化。定期回顾的频率可以根据个人需求和习惯确定，例如每周、每月或每季度进行一次回顾。

调整时间管理计划的策略包括重新设定目标、优化时间表、改进工作方法等。例如，如果发现某项任务经常超时，可以重新评估任务优先级或调整时间安排。通过定期回顾和调整，可以确保时间管理计划始终符合实际需求。

高效时间管理是个人和职业成功的关键因素。通过设定明确的目标、优先级排序、制定时间表、避免拖延和分心、有效利用碎片化时间、学会拒绝和委派、定期回顾和调整可以显著提高时间利用效率，实现个人和职业目标。希望这里提供的方法与技巧能够帮助读者更好地管理时间。

七、高效时间管理的案例分析

为了更好地理解高效时间管理的实际应用，以下通过两个案例分析，展示如何通过时间管理实现个人和职业目标。

案例一：职场人士的时间管理

背景：张先生是一家大型企业的中层管理者，日常工作繁忙，经常感到时间不够用，压力较大。

问题：张先生发现自己在处理日常事务时经常容易分心，导致重要项目进度延迟。同时，他难以平衡工作和家庭生活。

解决方案：

1. **设定明确目标**：张先生设定了每周完成三个重要项目的目标，并确保每天有固定的时间处理这些项目。

2. **优先级排序**：使用艾森豪威尔矩阵，张先生将任务分为四类，优先处理重要且紧急的任务。

3. **制定时间表**：张先生使用 Google 日历安排每天的工作时间，确保每个项目有足够的时间处理。

4. **避免拖延和分心**：张先生采用番茄工作法，每工作 25 分钟休息 5 分钟，提高专注力。

5. **学会拒绝和委派**：张先生学会了拒绝不必要的会议请求，并将一些日常事务委派给助理处理。

6. **定期回顾和调整**：每周五下午，张先生会回顾本周的工作情况，调整下周的时间安排。

结果：通过以上方法，张先生的工作效率显著提高，项目进度得到有效控制，同时他也有了更多的时间陪伴家人，生活质量也得到提升。

案例二：学生的时间管理

背景：李同学是一名大学生，面临着繁重的学业压力以及各种课外活动，经常感到时间不够用。

问题：李同学发现自己在学习时容易分心，导致学习效率低下，考试成绩不理想。

解决方案：

1. **设定明确目标**：李同学设定了每学期提高 GPA 的目标，并制定了详细的学习计划。

2. **优先级排序**：李同学使用艾森豪威尔矩阵，将学习任务分为四类，优先处理重要且紧急的作业和复习考试。

3. **制定时间表**：李同学使用 Todoist 应用记录每天的学习任务，确保每个科目有足够的时间复习。

4. **避免拖延和分心**：李同学在学习时关闭手机和社交媒体，采用番茄工作法提高专注力。

5. **有效利用碎片化时间**：李同学在等车和排队时使用手机应用学习英语单词，充分利用碎片化时间。

6. **定期回顾和调整**：每周末，李同学会回顾本周的学习情况，调整下周的学习计划。

结果：通过以上方法，李同学的学习效率显著提高，考试成绩稳步提升，同时他也有了更多的时间参与课外活动，使大学生活过得更加充实。

八、高效时间管理的未来趋势

随着科技的进步和工作方式的变革,时间管理也在不断演变。以下是一些未来时间管理的趋势,帮助您更好地应对未来的挑战。

(一)智能化时间管理工具

人工智能和大数据技术的应用,将使时间管理工具更加智能化。例如,智能日历可以根据您的工作习惯和优先级,自动调整时间安排。

(二)远程工作和弹性工作时间

随着远程工作的普及,时间管理将更加灵活。您需要学会在家庭和工作中找到平衡,合理安排时间。

(三)个性化时间管理方案

每个人的时间管理需求不同,未来的时间管理工具将更加个性化,根据您的需求和习惯,提供定制化的时间管理方案。

(四)心理健康与时间管理

未来的时间管理将更加注重心理健康,帮助您在高效工作的同时,保持良好的心理状态。例如,时间管理工具可能会集心理健康监测和调节功能。

(五)跨平台和跨设备同步

未来的时间管理工具将实现跨平台和跨设备同步,确保您在任何设备上都能实时查看和调整时间安排。

通过关注这些未来趋势,您可以更好地应对未来的时间管理挑战,保持高效和竞争力。

高效时间管理通过设定明确的目标、优先级排序、制定时间表、避免拖延和分心、有效利用碎片化时间、学会拒绝和委派、定期回顾和调整,可以显著提高时间利用效率,实现个人和职业成功。同时,合理利用时间管理工具、应用心理学原理、关注未来趋势,可以帮助您更深入地掌握时间管理的本质。希望这里提供的方法与技巧能够帮助读者更好地管理时间。

学习提升计划的具体安排

当前,学习已经成为个人成长、职业发展和生活质量提升的核心驱动力。然而,许多人在学习过程中常常感到迷茫、效率低下,甚至会半途而废。究其原因,往往是因为缺乏明确的学习目标、系统的学习计划以及有效的行动安排。

毋庸讳言,终身学习已成为个人成长和职业发展的必然选择。然而,许多人尽管意识到学习的重要性,却往往缺乏明确的学习计划和有效的行动安排,导致学习效果不佳。在知识经济时代,学习能力已成为个人竞争力的核心要素。然而,许多人陷入"低效学习"的困境,主要包括目标模糊、时间浪费、方法陈旧等。

一、明确学习目标

(一)设定长期与短期目标

学习目标的设定是学习提升行动的第一步。长期目标可以是职业发展方向、个人兴趣领域的深耕或某项技能的掌握,而短期目标则是实现长期目标的具体步骤。例如,长期目标是"成为一名数据分析师",短期目标可以是"在三个月内掌握 Python 编程基础"。

(二)遵循 SMART 原则

学习目标应遵循 SMART 原则,例如,"每周阅读一本专业书籍并撰写读书笔记"比"多读书"更符合 SMART 原则。

(三)分解目标

将长期目标分解为多个短期目标,能够使学习任务更具可操作性。例如,如果长期目标是"通过注册会计师考试",可以将其分解为"每月学习一个科目"或"每周完成一章内容"。

二、整合学习资源

（一）选择优质学习材料

选择权威、系统化的学习材料能够提高学习效率。例如，专业书籍、在线课程、学术论文或行业报告都是优质的学习资源。可以通过阅读书籍简介、查看课程评价或咨询专业人士来筛选适合的学习材料。

（二）利用多样化学习渠道

除了传统书籍和课程，还可以利用播客、视频、论坛、社群等多种渠道获取知识。例如，通过观看TED演讲或参加行业研讨会，能够拓展视野并获取最新资讯。

（三）建立个人知识库

将学习过程中获取的知识整理成笔记或思维导图，能够帮助巩固记忆并方便日后查阅。例如，使用Evernote、Notion等工具建立个人知识库，分类存储学习资料和笔记。

三、优化学习方法

（一）主动学习

主动学习是指通过提问、讨论和实践等方式深入理解知识。例如，在学习过程中提出问题并与他人讨论，能够加深对知识的理解。

（二）间隔学习与复习

间隔学习是指将学习内容分散到多个时间段进行，而不是一次性集中学习。例如，每天学习30分钟并定期复习，比一次性学习3小时更有效。

（三）费曼学习法

费曼学习法是一种以输出为导向的高效学习方法，其核心是通过简化知识并教授他人来深化理解。例如，在学习完一个概念后，尝试向朋友或家人解释，能够检验自己是否真正理解。

（四）实践与应用

将所学知识应用到实际工作或生活中，能够加深理解并提高学习效果。例如，学习编程后尝试完成一个小项目，能够巩固所学技能。

四、应用时间管理

（一）制定学习计划

制定详细的学习计划能够帮助个体合理安排学习时间。例如，可以设定每天学习1小时，每周完成一个章节的学习任务。

（二）使用时间块管理

将一天分为多个时间块，每个时间块专注于完成一项学习任务。例如，可以设定上午9点到10点为阅读时间，下午3点到4点为练习时间。

（三）避免多任务处理

专注于一项学习任务，避免同时处理多项任务，能够提高学习效率。例如，在学习时关闭手机通知，减少干扰。

（四）设定时间限制

为每项学习任务设定时间限制，能够帮助我们提高效率并避免拖延。例如，可以设定每项任务的最长完成时间，并在时间结束时进行评估和调整。

五、学习反馈与调整

（一）定期评估学习效果

定期评估学习效果能够帮助我们了解自己的进步和不足。例如，可以每周进行一次自我测试或总结，检查是否达到了学习目标。

（二）寻求外部反馈

通过与他人交流或参加测试，能够获得外部反馈并意识到自己的盲点。例如，可以向导师或同事请教或参加在线测验。

（三）调整学习策略

根据评估结果和反馈，及时调整学习策略，能够提高学习效果。例如，如果发现某个学习方法效果不佳，可以尝试其他方法。

（四）庆祝小成就

在完成学习目标后给予自己适当的奖励，能够增强动力和成就感。例如，可以设定每完成一个短期目标就奖励自己一次小旅行或购买一件心仪已久的物品。

六、实际案例

（一）个人案例

某位大学生希望在一年内通过英语六级考试。他设定了每天背 50 个单词、每周完成一套模拟题的短期目标，并制定了详细的学习计划。通过坚持执行和定期评估，他不仅通过了考试，还显著提升了英语能力。

（二）职场案例

某位职场新人希望在六个月内掌握数据分析技能。她设定了每月学习一个工具（如 Excel、Python、SQL）的短期目标，并参加了在线课程和实践项目。通过不断学习和应用，她不仅获得了同事和领导的认可，还成功晋升为数据分析师。

（三）生活案例

某位家庭主妇希望在三个月内学会烘焙。她设定了每周学习一种甜点的短期目标，并购买了相关书籍和工具。通过不断练习和调整，她不仅掌握了烘焙技能，还为家人带来了更多美味。

七、学习提升的长期规划

（一）持续更新知识

在一个快速变化的时代，持续更新知识是保持竞争力的关键。例如，可以通过订阅行业期刊、参加线上课程或关注领域专家的动态，获取最新资讯。

（二）培养学习习惯

将学习融入日常生活，能够帮助我们实现持续进步。例如，可以设定每天固定的学习时间，或利用碎片化时间进行阅读和思考。

（三）拓展学习领域

除了专业领域，还可以尝试学习其他领域的知识，以拓宽视野和提升综合能力。例如，学习心理学、设计或沟通技巧，能够为职业发展提供更多的可能性。

（四）建立学习社群

加入或创建学习社群，能够帮助我们获得支持和激励。例如，可以参加线上学习小组或与志同道合的朋友定期交流学习心得。

学习提升行动的具体安排是实现个人成长和职业发展的关键。通过明确学习目标、整合学习资源、优化学习方法、应用时间管理、进行学习反馈与调整以及制定长期规划，我们可以在有限的时间内高效提升学习能力。学习不仅是一种技能，更是一种生活态度，让我们学会高效安排学习行动。

社交拓展行动的实践路径

在全球化与数字化的双重浪潮下，个体的社交能力已成为 21 世纪的核心竞争力。斯坦福大学研究显示，85% 的职业机会来自弱关系网络，而哈佛大学持续 75 年的幸福研究表明，良好的人际关系是人生满意度的首要预测指标。

在现代社会中，社交能力已经成为个人成长、职业发展和生活质量提升的重要因素。无论是职场中的合作与沟通，还是生活中的友谊与支持，社交拓展都扮演着不可替代的角色。然而，许多人由于性格内向、缺乏经验或方法不当，在社交拓展中常常感到力不从心。

一、拓展人脉的意义

（一）促进职业发展

社交拓展能够为个人提供更多的职业机会和资源。例如，通过结识行业内的专家或同行，可以获得职业建议、合作机会或职业推荐。

（二）提升个人影响力

广泛的社交网络能够提升个人的影响力和知名度。例如，通过参加行业活动或发表观点，可以增强个人在专业领域的影响力。

（三）获得情感支持

社交拓展能够为个人提供情感支持和归属感。例如，通过建立深厚的友谊或加入志同道合的社群，可以获得情感上的安慰和鼓励。

（四）拓展视野与知识

通过与他人沟通，能够获取不同的观点和人生经验，从而拓展视野和知识面。例如，与来自不同背景的人交流，可以了解不同的文化和思维方式。

二、社交拓展的挑战

（一）性格内向

性格内向的人可能不擅长主动与他人交流，容易在社交场合感到紧张或不适。

（二）缺乏经验

缺乏社交经验的人可能不知道如何开始对话、维持关系或处理社交中的问题。

（三）时间与精力限制

社交拓展需要投入时间和精力，许多人可能因为工作繁忙或生活压力而无法兼顾。

（四）社交焦虑

社交焦虑是一种常见的心理障碍，会让人在社交场合感到极度不安和恐惧。

三、社交拓展的实践路径

（一）明确社交目标

明确社交目标是社交拓展的第一步。例如，职业发展、情感支持或知识拓展都可以成为社交目标。明确目标后，可以更有针对性地选择社交对象和场合。

（二）提升社交技能

社交技能是社交拓展的核心。可以通过以下方式提升社交技能：

1. 学习沟通技巧

例如，如何开始对话、如何倾听他人、如何表达自己的观点。

2. 练习社交礼仪

例如，如何自我介绍、如何与他人握手、如何在社交场合表现得体。

3. 增强自信心

例如，通过自我肯定或模拟练习，增强在社交场合的自信心。

（三）选择合适的社交场合

选择合适的社交场合能够提高社交拓展的效果。例如：

1. 职业社交

参加行业会议、职业培训或商业活动，结识同行和专家。

2. 兴趣社交

加入兴趣小组、俱乐部或志愿者组织，结识志同道合的朋友。

3. 线上社交

利用社交媒体、论坛或专业平台，拓展线上社交。

（四）主动建立联系

主动建立联系是社交拓展的关键。例如：

1. 自我介绍

在社交场合主动介绍自己，表达与对方建立联系的兴趣。

2. 交换联系方式

在交流后主动交换名片或添加社交媒体好友。

3. 后续跟进

在初次交流后，通过邮件或社交媒体保持联系，表达进一步交流的意愿。

（五）维护与深化关系

社交拓展不仅仅是建立联系，还包括维护和深化关系。例如：

1. 定期联系

通过电话、邮件或社交媒体，定期与朋友或合作伙伴保持联系。

2. 提供帮助

在对方需要时提供帮助或支持，增强彼此的关系。

3. 共同活动

通过共同参加活动或项目，加深对彼此的了解与合作。

（六）克服社交焦虑

对于有社交焦虑的人，可以尝试以下方法：

1. 逐步暴露

从简单的社交场合开始，逐步增加社交难度。

2. 寻求支持

与朋友或专业人士交流，获得情感支持和建议。

3. 放松训练

通过深呼吸、冥想或放松训练，缓解社交中的紧张情绪。

四、实际案例

（一）个人案例

某位职场新人因性格内向在社交场合感到不适。通过参加公司组织的社交活动和职业培训，他逐步提升了社交技能，并结识了多位行业内的专家。通过与这些专家建立联系，他获得了宝贵的职业建议和机会，成功晋升为项目经理。

（二）职场案例

某位企业家在创业初期因缺乏资源而感到困难。通过参加行业会议和商业活动，他主动结识了多位潜在合作伙伴和投资人。通过与这些合作伙伴保持联系并提供帮助，他成功获得了资金支持和业务合作，企业迅速发展壮大。

（三）生活案例

某位家庭主妇因生活单调感到孤独。通过加入社区志愿者组织和兴趣小组，她结识了多位志同道合的朋友。通过与这些朋友定期联系和共同活动，她不仅丰富了生活，还获得了情感上的支持和鼓励。

社交拓展行动的实践路径是实现个人成长和职业发展的重要途径。通过明确社交目标、提升社交技能、选择合适的社交场合、主动建立联系、维护与深化关系以及克服社交焦虑，我们可以拓展社交。社交不仅是一种能力，更是一种生活态度，让我们学会高效开展社交拓展行动。

自我改变行动的细节把控

自我改变是个人成长和实现目标的重要途径。无论是改善生活习惯、提升职业技能，还是调整心态、优化人际关系，自我改变都需要明确的计划和有效的执行。然而，许多人在自我改变的过程中常常半途而废，究其原因，往往是因为缺乏对细节的把控。细节把控是自我改变成功的关键，它能够帮助我们更好地规划行动、监控进展并及时调整策略。

自我改变是一个复杂而漫长的过程，涉及认知、情感及行为等多个层面的因素。然而，许多人在自我改变的过程中对细节的把控不足。细节决定成败，只有在每一个环节上做到精准把控，才能确保自我改变的有效性和持久性。

一、目标设定的细节把控

（一）明确具体的目标

自我改变的第一步是设定明确的目标。模糊的目标如"我要变得更好"缺乏可操作性，难以指导具体行动。相反，明确的目标如"我要在三个月内减掉5公斤体重"更具指导性。明确的目标不仅能够提供清晰的方向，还能帮助我们在行动过程中进行有效的评估和调整。

（二）目标的可衡量性

目标的可衡量性是细节把控的关键。一个可衡量的目标可以帮助我们清晰地看到进展，从而保持动力。例如，设定"每天阅读30分钟"比"多读书"更容易衡量和跟踪。通过量化目标，我们可以更好地监控自己的进展，及时发现问题并进行调整。

（三）目标的可现实性

目标设定时还需考虑其可现实性。过于激进的目标容易导致挫败感，而过于保守的目标则可能无法激发潜力。因此，设定目标时应结合自身的实际情况，确保目标既有挑战性，又具备可实现性。例如，一个平时不运动的人突然设定"每天跑步10公里"的目标显然不现实，而"每周跑步三次，每次30分钟"则显得更为合理。

二、行动计划的细节把控

（一）制定详细的行动计划

目标设定后，接下来需要制定详细的行动计划。行动计划是将目标分解为具体步骤的过程，确保每一步都有明确的操作指南。例如，如果目标是提高英语口语能力，行动计划可以包括"每天背诵10个单词""每周参加一次英语角活动""每月与外籍教师进行一次对话练习"等。详细的行动计划能够帮助我们更好地管理时间和精力，避免盲目行动。

（二）时间管理的细节把控

时间管理是行动计划中的重要环节。合理的时间安排能够确保我们在有限的时间内高效完成任务。在制定行动计划时，应充分考虑每项任务所需的时间，并合理安排优先级。例如，可以将重要的任务安排在精力最充沛的时段，而将相对简单的任务安排在精力较弱的时段。此外，还可以使用时间管理工具如番茄工作法、GTD（Getting Things Done）等，帮助我们更好地把控时间。

（三）资源的合理配置

行动计划中还需考虑资源的合理配置。资源包括时间、精力、金钱、工具等。在自我改变的过程中，资源的合理配置能够帮助我们更高效地达成目标。例如，如果目标是"学习一种新技能"，可以考虑购买相关课程、书籍，或者寻找志同道合的伙伴一起学习。通过合理配置资源，我们能够更好地支持自己的行动计划，提升成功的概率。

三、养成细节把控的习惯

（一）小步快跑，逐步推进

习惯养成是自我改变的核心环节。研究表明，习惯的养成需要时间和重复，而小步快跑的策略能够帮助我们更好地坚持下去。例如，如果想养成每天运动的习惯，可以从每天10分钟开始，逐步增加到30分钟甚至更长时间。通过小步快跑，我们能够减少初始的阻力，逐步适应新的行为模式，从而更容易养成习惯。

（二）环境设计的细节把控

环境对习惯养成有着重要影响。通过设计有利于目标实现的环境，我们可以减少外界干扰，增加成功的可能性。例如，如果想养成早睡早起的习惯，可以将手机放在远离床铺的地方，避免睡前刷手机；如果想养成健康饮食的习惯，可以将高热量零食替换为水果和坚果。通过环境设计，我们能够更好地控制自己的行为，增加正向反馈。

（三）习惯的追踪与记录

习惯养成过程中，追踪与记录是重要的细节把控手段。通过记录每天的行为，我们可以清晰地看到自己的进展，及时发现并纠正偏差。例如，可以使用习惯追踪 APP 或手写日记，记录每天的运动时间、阅读页数等。通过追踪与记录，我们能够更好地了解自己的行为模式，及时调整策略，确保习惯的养成。

四、反馈与调整的细节把控

（一）及时反馈的重要性

自我改变的过程中，及时反馈是确保行动有效性的关键。通过反馈，我们可以了解自己的进展，发现存在的问题，并及时进行调整。例如，如果目标是"提高工作效率"，可以通过工作总结每日精进工作，评估自己是否达到了预期的工作量，是否存在浪费时间的情况。通过及时反馈，我们能够更好地把控行动的方向，确保目标的实现。

（二）调整策略的灵活性

自我改变的过程中，难免会遇到各种挑战和困难。此时，灵活调整策略是确保行动持续进行的关键。例如，如果发现某项任务难以完成，可以适当降低难度或调整时间安排。如果发现某项习惯难以坚持，可以尝试更换方式或寻求外部支持。通过灵活调整策略，我们能够更好地应对变化，确保自我改变的顺利进行。

（三）自我反思与总结

自我反思与总结是反馈与调整的重要环节。通过定期反思，我们可以深入分析自己的行为模式，发现潜在的问题，并制定改进措施。例如，可以每周进行一次自我反思，总结本周的进展、存在的问题以及下一步的改进计划。通过自我反思与总结，我们能够更好地把控自我改变的细节，确保行动的持续性和有效性。

五、心理与情感的细节把控

（一）自我激励与正向反馈

自我改变的过程中，心理与情感的调控同样重要。自我激励与正向反馈能够帮助我们保持动力，增强信心。例如，可以设定一些小奖励，当完成某个阶段性目标时，给予自己一定的奖励，如看一场电影、购买一件心仪的衣服等。通过自我激励与正向反馈，我们能够更好地保持积极的心态，增强自我改变的信心。

（二）应对挫折与压力

在自我蜕变的过程中，挫折与压力是不可避免的。如何应对这些负面情绪，是细节把控的重要环节。首先，应正视挫折与压力，认识到它们是自我改变过程中的正常现象。其次，可以通过放松技巧如深呼吸、冥想等缓解压力，通过寻求外部支持如朋友、家人的鼓励，增强应对挫折的能力。通过有效应对挫折与压力，我们能够更好地保持心理平衡。

（三）保持耐心与持久性

自我改变是一个长期的过程，保持耐心与持久性是成功的关键。许多人在自我改变的过程中容易因为在短期内看不到明显效果而放弃。因此，保持耐心与持久性是细节把控的重要环节。可以通过设定阶段性目标，逐步实现长期目标；通过定期回顾进展，增强自信心。通过保持耐心与持久性，我们能够更好地应对自我改变过程中的挑战，确保最终目标的实现。

六、实际案例

（一）个人案例

某位职场新人希望提升自己的演讲能力。他设定了每周参加一次演讲俱乐部、每天练习演讲30分钟的短期目标，并制定了详细的学习计划。通过坚持执行和定期评估，他不仅提升了演讲能力，还在公司内部演讲比赛中获得了优异成绩。

（二）职场案例

某位企业家希望改善团队的工作效率。他设定了每月完成一个流程优化项目、每周与团队进行一次反馈会议的短期目标，并制定了详细的行动计划。通过不断监控和调整，他成功优化了团队的工作流程，提高了整体效率。

（三）生活案例

何敏是一名家庭主妇，她希望改善家庭饮食习惯。她上网课学习了营养烹饪，还参加了社区家庭烹饪大赛。她还设定了每周尝试一种新食谱、每天变换一份蔬菜的短期目标，并为她的一家三口制定了详细的饮食计划。何敏通过坚持执行和调整，不仅改善了家庭成员的饮食习惯，还提升了家庭成员的整体健康水平。

通过明确目标与意义、制定详细计划、设定时间与优先级、监控进展与反馈、建立奖励机制、寻求支持与监督以及培养习惯与自律，我们可以在自我改变中取得显著成效。

行动反馈与调整的机制建立

在个人成长、职业发展和项目管理中，行动反馈与调整机制是确保目标实现和持续改进的关键环节。无论是个人目标的达成，还是团队项目的推进，都需要通过及时的反馈和灵活的调整来优化行动策略，提高效率和质量。然而，许多人在行动过程中常常忽视反馈与调整的重要性，导致行动偏离目标或效率低下。

一、行动反馈与调整的意义

（一）提高行动效率

通过及时反馈和调整，可以发现行动中的问题并加以改进，从而提高效率。

例如，在项目管理中，通过定期反馈和调整，可以优化资源分配和工作流程，提高项目完成速度。

（二）确保目标实现

反馈与调整机制能够帮助行动者及时监控进展，确保行动方向与目标的一致性。例如，在个人目标实现过程中，定期反馈和调整，可以确保目标按计划推进。

（三）增强适应能力

在快速变化的环境中，反馈与调整机制能够增强个人或团队的适应能力，使其能够灵活应对变化和挑战。例如，在市场竞争中，通过及时反馈和调整，企业可以快速响应市场变化，保持竞争优势。

（四）促进持续改进

反馈与调整机制能够促进个人或团队的持续改进，使其在行动中不断优化策略和方法。例如，在职业发展中，定期反馈和调整，可以不断提升职业技能和工作表现。

二、行动反馈与调整机制建立的步骤

（一）明确目标与指标

明确行动目标和衡量指标是反馈与调整机制的基础。例如，如果目标是"提高销售额"，可以设定具体的衡量指标，如"每月销售额增长10%"。

（二）制定行动计划

制定详细的行动计划能够帮助个体合理安排行动步骤和时间。例如，可以设定每天、每周或每月的具体任务，并将其分解为可操作的小步骤。

（三）建立反馈渠道

建立有效的反馈渠道能够帮助个体及时获取行动进展和问题信息。例如，可以通过定期会议、问卷调查、数据分析等方式获取反馈。

（四）定期监控进展

定期监控目标进展情况，能够及时发现问题后调整策略。例如，可以每周或每月进行一次总结，检查是否达到了目标，并分析哪些方法有效，哪些需要改进。

（五）分析反馈信息

分析反馈信息能够帮助个体找出行动中的问题和改进方向。例如，可以通过数据分析、问题讨论或专家咨询等方式，深入分析反馈信息。

（六）调整行动策略

根据反馈信息和分析结果，及时调整行动策略，能够帮助个体优化行动的效果。例如，如果发现某项任务进展缓慢，可以重新分配资源或调整任务的优先级。

（七）记录与总结

记录反馈与调整的过程和结果，能够帮助个体总结经验教训，为未来的行动提供参考。例如，可以建立反馈与调整的记录表，定期进行总结和反思。

三、实际应用案例

（一）个人案例

某位职场新人希望提升自己的工作效率。他设定了每天完成三项重要任务的短期目标，并制定了详细的工作计划。通过每周的自我反馈和调整，他不断优化工作方法和时间管理，最终显著提高了工作效率。

（二）职业案例

某位项目经理负责一个软件开发项目。他设定了每月完成一个开发阶段的短期目标，并制定了详细的项目计划。通过定期的团队反馈和调整，他优化了资源分配和工作流程，最终按时完成了项目，并获得了客户的高度评价。

(三)生活案例

汪林计划三个月减重10斤,初期每天跑步30分钟并控制饮食。两周后,他发现体重仅下降1斤,且因膝盖疼痛难以坚持跑步。通过反馈分析,他意识到运动强度过大且饮食控制不严格。于是,他调整计划,改为快走和游泳,以保护膝盖,同时用APP记录每日热量摄入,确保摄入低于消耗。一个月后,体重稳步下降4斤,身体状态也明显改善。

四、常见问题与解决方案

(一)反馈信息不准确

问题:反馈信息不准确可能导致错误的调整策略。

解决方案:通过多种渠道获取反馈信息,并进行交叉验证,确保信息的准确性和全面性。

(二)调整策略不及时

问题:调整策略不及时可能导致行动偏离目标或效率低下。

解决方案:建立定期的反馈与调整机制,确保能够及时监控进展并根据实际情况进行调整。

(三)缺乏执行力

问题:即使制定了调整策略,缺乏执行力也可能导致调整效果不佳。

解决方案:通过明确责任、加强监督和建立奖励机制,增强调整策略的执行力。

(四)反馈与调整成本过高

问题:反馈与调整机制可能带来额外的时间和成本投入。

解决方案:通过优化反馈渠道和调整流程,降低反馈与调整的成本,提高反馈与调整机制的效率和效果。

PART 4　行动策略的制定

行动反馈与调整机制的建立是实现个人成长、职业发展和项目成功的关键环节。通过明确目标与指标、制定行动计划、建立反馈渠道、定期监控进展、分析反馈信息、调整行动策略以及记录与总结，我们可以在行动中持续优化策略，提高效率和效果。

PART 5

突破瓶颈的智慧

瓶颈是成长过程中的正常现象,每个人在追求卓越的路上都会遭遇挑战。它像一堵无形的墙,阻挡着我们前进的步伐,让我们在既有的成就上停滞不前。但真正的智慧,往往就藏在这些看似无法突破的障碍之中。

在这个快速变迁的时代,突破瓶颈的能力已经成为个人和组织发展的核心竞争力。它不仅关乎当下的生存,更决定着未来的发展空间。当我们学会在困境中寻找机遇,在停滞中积蓄力量,就能将瓶颈转化为通向更高境界的跳板。

思维定式的突破与创新

思维定式是指人们在长期的生活实践中形成的相对稳定的思维方式，它虽然在一定程度上能够提高决策效率，但也容易导致思维僵化、缺乏创新和适应能力下降。突破思维定式，激发创新思维，已成为个人成长、职业发展和组织进步的重要课题。

在当今快速变化的时代，思维定式的突破与创新成为了个人和组织成功的关键。思维定式，往往限制了我们的视野和创造力。然而，突破这些定式，我们可以开拓新的思路，找到解决问题的新方法，从而在竞争激烈的环境中脱颖而出。

思维定式，又称思维惯性或思维模式，是指人们在长期的生活和工作中形成的固定思维方式。这种思维方式往往基于过去的经验和知识，使我们在面对新问题时，不自觉地沿用旧的思路和方法。思维定式的形成是一个渐进的过程，通常始于童年时期，随着我们的成长和教育不断强化。例如，一个孩子在数学课上反复练习某种解题方法，久而久之，这种方法就会成为他的思维定式。

思维定式在一定程度上具有积极的作用。它可以帮助我们快速处理熟悉的问题，节省认知资源，提高效率。例如，医生在面对常见病症时，可以凭借经验迅速做出诊断和治疗方案。然而，思维定式的消极影响也不容忽视。它容易导致人们难以接受新观点和新方法，从而错失创新和突破的机会。例如，柯达公司曾经是胶片摄影领域的巨头，但由于固守传统胶片业务，未能及时转型数码摄影，最终走向衰落。

思维定式在各个领域都有所体现。在商业领域，企业往往依赖过去的成功经验，忽视市场变化，导致竞争力下降。在教育领域，教师可能沿用传统的教学方法，忽视学生的个性化需求，影响教学效果。在科学研究中，学者们可能固守某一理论框架，难以接受新的科学发现。这些例子表明，思维定式无处不在，且对各个领域的发展都产生了深远的影响。

突破思维定式对个人发展具有重要意义。首先，它能够提升个人的创造力和解决问题的能力。通过打破固有的思维模式，我们可以从新的角度看待问题，找到更有效的解决方案。其次，突破思维定式有助于个人适应快速变化的环境。在当今社会，技术和市场的变革速度日益加快，只有不断更新思维方式，才能跟上时代的步伐。最后，突破思维定式还能增强个人的自信心和成就感。当我们成功突破思维定式，解决了一个看似无解的问题时，会感到极大的满足和自豪。

对于组织而言，突破思维定式是推动创新和发展的关键。首先，它能够激发组织的创造力，促进新产品和新服务的开发。例如，苹果公司通过突破传统手机的设计思维，推出了革命性的 iPhone，彻底改变了手机行业的格局。其次，突破思维定式有助于组织应对市场变化和竞争压力。在快速变化的市场环境中，只有不断创新，才能保持竞争优势。最后，突破思维定式还能提升组织的适应能力和灵活性。通过鼓励员工打破固有思维，组织可以更快地响应外部变化，调整战略和业务模式。

突破思维定式不仅对个人和组织有益，对整个社会的进步也具有重要意义。首先，它能够推动科学技术的发展。许多重大的科学发现和技术创新，都是科学家们突破传统思维模式的结果。例如，爱因斯坦的相对论打破了牛顿力学的思维定式，为现代物理学奠定了基础。其次，突破思维定式有助于解决社会问题。在面对复杂的社会问题时，传统的思维方式往往难以奏效，只有通过创新思维，才能找到有效的解决方案。最后，突破思维定式还能促进文化的多样性和包容性。通过打破固有的文化偏见和刻板印象，我们可以更好地理解和尊重不同的文化和价值观，推动社会的和谐发展。

培养多元思维是突破思维定式的重要方法之一。多元思维是指从多个角度和维度看待问题，避免单一思维模式的局限。首先，我们可以通过跨学科学习来培养多元思维。例如，学习不同学科的知识和方法，可以帮助我们从不同的视角分析问题。其次，与不同背景的人交流和合作，也是培养多元思维的有效途径。通过与不同领域的人互动，我们可以获得新的观点和思路，拓展思维边界。最后，阅读多样化的书籍和文章，也能帮助我们接触到不同的思想和观点，激发创新思维。

逆向思维是一种通过反向思考来突破思维定式的方法。它要求我们从问题的反面或对立面进行思考，寻找新的解决方案。例如，在解决一个复杂问题时，我们可以先思考"如果不这样做，会有什么结果？"或者"如果反过来做，会有什么结果？"通过这种反向思考，我们往往能够发现被忽视的细节和可能性，从而找到创新的解决方案。逆向思维在商业和创新领域有着广泛的应用。例如，特斯拉公司通过逆向思维，打破了传统汽车制造商的思维定式，推出了电动汽车，颠覆了整个汽车行业。

设计思维是一种以用户为中心的创新方法，强调通过同理心、原型设计和迭代测试来解决问题。首先，设计思维要求我们深入了解用户的需求和痛点，通过同理心建立与用户的连接。其次，设计思维鼓励我们快速制作原型，通过实际测试来验证想法的可行性。最后，设计思维强调迭代改进，通过不断反馈和调整，优化解决方案。设计思维在产品和服务的创新中有着广泛的应用。例如，IDEO公司通过设计思维，开发了许多创新的产品和服务，如苹果的第一款鼠标和宝洁的 Swiffer 清洁工具。

头脑风暴是一种通过集体讨论来激发创新思维的方法。它要求参与者在自由、开放的氛围中，尽可能多地提出想法，而不加以评判和限制。首先，头脑风暴能够激发团队的创造力,通过集思广益,产生大量的新想法。其次,头脑风暴有助于打破个人的思维定式,通过听取他人的观点,获得新的灵感和思路。最后,头脑风暴还能增强团队的凝聚力和合作精神,通过共同参与创新过程,提升团队的协作能力。头脑风暴在企业和组织的创新活动中有着广泛的应用。例如,谷歌公司通过定期的团队头脑风暴会议,激发员工的创造力,推动了许多创新项目的实施。

突破思维定势能激发创造力,推动个人和社会进步。它帮助我们在困境中找到新出路,在竞争中占据先机。只有敢于质疑常规、尝试新方法,才能适应快速变化的世界,实现突破性成长。通过自我反思与觉察、多元化思维、逆向思维、假设挑战、情景模拟、创新工具与方法,我们可以有效突破思维定式,激发创新思维。通过培养好奇心、鼓励冒险精神、建立创新文化、持续学习与成长、跨学科合作,我们可以不断培养和提升创新思维。

人际关系瓶颈的化解与拓展

在现代社会中,人际关系已经成为个人发展的重要基石。无论是在职场、社交圈还是日常生活中,良好的人际关系都能为我们打开机遇之门。但现实中,许多人常常陷入人际关系的困境:难以突破现有的社交圈层,无法建立深度的情感连接,在人际交往中感到力不从心。这些困境不仅限制了个人发展,也影响了生活质量。突破人际关系瓶颈,已经成为现代人必须掌握的重要能力。

良好的人际关系不仅是个人幸福感和心理健康的重要保障,也是职业发展和事业成功的关键因素。然而,许多人在人际交往中常常遇到瓶颈,如沟通不畅、信任缺失、冲突频发等问题,导致关系陷入僵局甚至破裂。化解人际关系瓶颈并拓展人际网络,已成为个人成长和职业发展中不可忽视的课题。

一、人际关系瓶颈的核心成因

（一）沟通不畅

沟通不畅是人际关系瓶颈的常见原因。例如，表达不清、倾听不足或误解对方意图，都可能导致关系紧张或破裂。

（二）信任缺失

信任是人际关系的基石，信任缺失会严重影响关系的质量。例如，背信弃义、隐瞒事实或缺乏透明度，都会导致信任危机。

（三）冲突频发

冲突是人际关系中的常见问题，处理不当可能导致关系恶化。例如，价值观差异、利益冲突或情绪失控，都可能引发冲突。

（四）缺乏共同点

缺乏共同点可能导致关系疏远。例如，兴趣爱好、生活方式或价值观的差异，可能导致双方难以建立深层次的联系。

（五）外部压力

外部压力也可能影响人际关系。例如，工作压力、家庭问题或社会环境的变化，可能导致关系紧张或疏远。

二、化解人际关系瓶颈的方法

（一）改善沟通技巧

改善沟通技巧是化解人际关系瓶颈的关键。例如：

1. 清晰表达

在沟通中明确表达自己的观点和需求，避免含糊其辞。

2. 积极倾听

在倾听时给予对方充分的关注和反馈，避免打断或忽视对方的意见。

3. 非语言沟通

注意肢体语言、表情和语调，确保沟通的一致性和有效性。

（二）重建信任

重建信任需要时间和努力。例如：

1. 诚实透明

在交往中保持诚实和透明，避免隐瞒或欺骗。

2. 履行承诺

在承诺的事情上尽力做到，避免失信于人。

3. 道歉与原谅

在犯错时及时道歉，在对方犯错时给予原谅，促进关系的修复。

（三）有效处理冲突

有效处理冲突能够避免关系恶化。例如：

1. 冷静应对

在冲突中保持冷静，避免情绪失控。

2. 换位思考

尝试从对方的角度理解问题，寻找共同点。

3. 寻求解决方案

在冲突中聚焦于解决问题，而不是指责对方。

（四）寻找共同点

寻找共同点能够增强关系的亲密度。例如：

1. 共同兴趣

通过共同的兴趣爱好，增进彼此的了解和联系。

2. 共同目标

通过共同的目标或项目，增强合作和默契。

3. 共同经历

通过共同的经历或回忆，加深彼此的情感连接。

（五）应对外部压力

应对外部压力需要灵活调整。例如：

1. 时间管理

合理安排时间，避免工作和生活的冲突。

2. 寻求支持

在遇到困难时寻求家人、朋友或专业人士的支持。

3. 调整心态

在面对压力时保持积极的心态，避免将压力转嫁到关系中。

三、拓展人际关系的策略

（一）主动建立联系

主动建立联系是拓展人际关系的基础。例如：

1. 自我介绍

在社交场合主动介绍自己，表达对对方的兴趣。

2. 交换联系方式

在交流后主动交换名片或添加社交媒体好友。

3. 后续跟进

在初次交流后，通过邮件或社交媒体保持联系，表达进一步交流的意愿。

（二）利用社交平台

利用社交平台能够拓展线上人际网络。例如：

1. 社交媒体

通过 LinkedIn、微信、微博等平台，结识志同道合的朋友和专业人士。

2. 线上社群

加入线上兴趣小组、论坛或专业平台，拓展人际网络。

（三）参加社交活动

参加社交活动能够拓展线下人际网络。例如：

1. 行业会议

参加行业会议、职业培训或商业活动,结识同行和专家。

2. 兴趣小组

加入兴趣小组、俱乐部或志愿者组织,结识志同道合的朋友。

3. 社交聚会

参加社交聚会、派对或活动,拓展社交圈。

(四)建立深度关系

建立深度关系需要时间和投入。例如:

1. 定期联系

通过电话、邮件或社交媒体,定期与朋友或合作伙伴保持联系。

2. 提供帮助

在对方需要时提供帮助或支持,增强彼此的关系。

3. 共同活动

通过共同参加活动或项目,加深彼此的了解与合作。

(五)培养社交技能

培养社交技能能够提高人际交往的效果。例如:

1. 学习社交礼仪

学习如何自我介绍、如何与他人握手、如何在社交场合表现得体。

2. 增强自信心

通过自我肯定或模拟练习,增强在社交场合的自信心。

3. 练习沟通技巧

通过阅读、培训或实践,提升沟通技巧和表达能力。

四、实际案例

(一)个人案例

小赵因项目分工与同事小李产生矛盾,双方坚持己见,沟通陷入僵局。意识到对抗无益后,小赵主动约小李私下交流,先倾听他的想法,并坦承自己此前态度急躁。沟通后发现，他俩分歧源于目标一致但方法不同。于是，他俩整合双方方案的优势，重新划分责任，并约定每周同步进展。调整后，合作效率大幅提升，项目超额完成，彼此还建立了信任。

（二）职场案例

市场部与产品部因新品推广方案争执不下，会议陷入僵局。作为市场主管的刘帅主动邀请产品团队进行非正式座谈，用"用户痛点地图"替代方案辩论，引导双方聚焦客户需求而非部门立场。过程中发现产品部担忧的研发风险确实存在，于是调整方案，分阶段测试市场反应。最终方案融合双方专业意见，上线后客户满意度提升 30%。

（三）生活案例

一小区楼上新搬来的租户经常深夜走动，影响了楼下陈建一家的休息。起初，陈建贴纸条抗议，反而加剧对立。后来陈建改变策略，主动带自制点心上门，先感谢他们配合垃圾分类，再委婉提出噪音困扰。交谈中得知对方是护士，常值夜班。两家协商出解决方案：楼上护士家在卧室铺地垫，陈建调整书房位置避开声源。现在两家人见面都会热情打招呼，还互相帮忙收快递。

人际关系瓶颈的化解与拓展是实现个人成长和职业发展的重要途径。通过改善沟通技巧、重建信任、有效处理冲突、寻找共同点、应对外部压力，我们可以有效化解人际关系瓶颈。通过主动建立联系、利用社交平台、参加社交活动、建立深度关系、培养社交技能，我们可以拓展人际网络，构建更健康、更广泛的人际关系。

职业发展瓶颈的跨越与突破

在职业生涯中,每个人都会经历不同的阶段,从初入职场的摸索到逐渐找到自己的方向,再到职业发展的上升期。然而,随着工作经验的积累和职位的提升,许多人会发现自己陷入了职业发展的瓶颈期。这种瓶颈可能表现为工作内容的重复、成长空间的受限、职业目标的模糊,甚至是个人能力的停滞。如何识别并跨越职业发展瓶颈,实现职业的升级,是每个职场人需要面对的重要课题。

职业发展瓶颈不仅影响个人的职业成就感和生活质量,还可能对心理健康产生负面影响。如何跨越职业发展瓶颈,实现职业升级,已成为现代职场人亟需解决的问题。

一、职业发展瓶颈的成因

(一)技能与知识的局限

随着行业和技术的快速发展,个人原有的技能和知识可能无法满足新的职业需求,从而导致发展停滞。例如,传统行业的从业者可能因缺乏数字化技能而难以适应智能化转型。

(二)职业目标的模糊

缺乏清晰的职业目标或目标设定不合理,可能导致职业发展缺乏方向感和动力。例如,一些人可能因为盲目追求高薪或职位而忽视了自身的兴趣和长期发展。

(三)外部环境的变化

经济环境、行业趋势或组织结构的变动,可能对个人的职业发展产生不利影响。例如,行业衰退或公司裁员可能导致职业发展受阻。

（四）自我认知的不足

对自身能力、兴趣和价值观的认知不足，可能导致职业选择与发展不匹配。例如，一些人可能因为高估或低估自己的能力而错失发展机会。

（五）缺乏支持与资源

缺乏导师、人脉或学习资源，可能限制个人的职业发展。例如，在没有职业指导的情况下，个人可能难以制定有效的职业规划。

二、跨越职业发展瓶颈的策略

（一）提升技能与知识

持续学习是跨越职业发展瓶颈的关键。例如：

1. 技能更新

通过参加培训、学习新技能或考取专业证书，提升自身的竞争力。

2. 跨领域学习

通过学习其他领域的知识，拓宽视野并增强综合能力。

3. 实践应用

将所学知识应用到实际工作中，提升解决问题的能力。

（二）明确职业目标

设定清晰、可实现的职业目标能够为发展提供方向。例如：

1. 长期与短期目标

将长期目标分解为多个短期目标，逐步实现。

2.SMART 原则

具体性（Specific）、可衡量（Measurable）、可实现（Achievable）、相关性（Relevant）和有时限（Time-bound）。

3. 定期评估

定期评估目标的进展，并根据实际情况进行调整。

（三）适应外部环境

灵活应对外部环境的变化能够增强职业发展的适应性。例如：

1. 关注行业趋势

通过阅读行业报告、参加行业会议，了解行业动态并调整职业规划。

2. 增强抗风险能力

通过多元化技能和收入来源，降低外部环境变化带来的风险。

3. 积极应对挑战

在面对变化时保持积极心态，寻找新的发展机会。

（四）增强自我认知

深入了解自身的兴趣、能力和价值观，能够帮助制定更匹配的职业规划。例如：

1. 职业测评

通过职业测评工具，了解自己的职业倾向和优势。

2. 自我反思

定期反思自己的职业经历和感受，明确职业发展方向。

3. 寻求反馈

通过与同事、导师或朋友交流，获得外部反馈和建议。

（五）构建支持网络

建立职业支持网络能够为发展提供资源和机会。例如：

1. 寻找导师

通过与行业专家或资深从业者建立联系，获得职业指导和建议。

2. 拓展人脉

通过参加行业活动、加入专业社群，结识志同道合的朋友和合作伙伴。

3. 利用资源

通过利用公司内部的培训资源或外部的学习平台，提升自身能力。

三、职业升级的路径

（一）纵向晋升

纵向晋升是指在现有职业路径上向更高职位发展。例如：

1. 管理岗位

通过提升管理能力和领导力，晋升为团队负责人或部门经理。

2. 专业岗位

通过深耕专业技能，成为行业专家或技术骨干。

（二）横向拓展

横向拓展是指在现有职业路径上拓展新的领域或职能。例如：

1. 跨部门发展

通过学习和实践，进入其他部门或职能领域，如从技术岗位转向市场岗位。

2. 跨行业发展

通过学习和适应，进入其他行业，如从传统制造业转向互联网行业。

（三）创业与自由职业

创业或自由职业是实现职业升级的另一种路径。例如：

1. 创业

通过创办自己的公司或项目，实现职业自主和发展。

2. 自由职业

通过提供专业服务或技能，实现职业灵活性和多样化。

（四）持续学习与转型

持续学习与转型是实现职业升级的重要途径。例如：

1. 终身学习

通过持续学习新知识和技能，保持职业竞争力。

2. 职业转型

通过学习新领域知识或技能，实现职业方向的调整和升级。

四、实际案例

（一）个人案例

某位程序员在职业发展中遇到了技能瓶颈，难以晋升为高级开发人员。通过参加技术培训、学习新技术并考取专业证书，他成功提升了自身能力，最终晋升为技术主管。

（二）职场案例

某位市场经理在职业发展中遇到了行业瓶颈，难以适应数字化营销的趋势。通过参加数字化营销培训、学习数据分析技能并实践应用，他成功转型为数字化营销专家，并获得了更高的职位和薪酬。

（三）创业案例

某位设计师在职业发展中遇到了职业瓶颈，难以在公司内获得更大的发展空间。通过创办自己的设计工作室，他不仅实现了职业自主，还获得了更多的客户和项目。

职业发展瓶颈的跨越与升级是实现职业持续成长的重要途径。通过提升技能与知识、明确职业目标、适应外部环境、增强自我认知、构建支持网络，我们可以有效跨越职业发展瓶颈。通过纵向晋升、横向拓展、创业与自由职业、持续学习与转型，我们可以实现职业的升级与突破。

经济困境瓶颈的突破与改善

在全球化和信息化的背景下，经济困境已成为各国面临的共同挑战。无论是发达国家还是发展中国家，都不同程度地面临着经济增长放缓、失业率上升、贫富差距扩大等问题。这些经济困境不仅影响了国家的整体发展，也对民众的生活质量产生了深远的影响。因此,如何突破经济困境的瓶颈,实现经济的可持续发展,成为了各国政府和学者关注的焦点。

经济困境是个人、家庭甚至国家在特定时期内面临的普遍问题。无论是个人财务危机、企业经营困难,还是宏观经济衰退,经济困境都会对生活质量、心理健康和社会稳定产生深远影响。然而,经济困境并非不可逾越的障碍,通过科学的规划、有效的策略和积极的行动,可以突破瓶颈并实现经济状况的改善。

一、经济困境的成因

(一)个人或家庭因素

个人或家庭的经济困境通常与以下因素有关:

1. 收入不足

收入水平无法满足基本生活需求或应对突发事件。

2. 过度消费

缺乏理财规划,导致支出超出收入范围,甚至陷入债务危机。

3. 突发事件

如疾病、失业、意外事故等,可能导致经济状况恶化。

4. 缺乏理财知识

对储蓄、投资和风险管理缺乏了解,导致财务规划不合理。

(二)企业因素

企业经济困境的成因包括:

1. 市场需求下降

行业衰退或消费者偏好变化,导致销售额下降。

2. 成本上升

原材料、劳动力或运营成本增加,压缩利润空间。

3. 管理不善

决策失误、资源浪费或内部管理混乱,导致经营困难。

4. 外部竞争

激烈的市场竞争或新兴技术的冲击，使企业失去竞争优势。

（三）宏观经济因素

宏观经济困境的成因包括：

1. 经济衰退

GDP 增长放缓或负增长，导致失业率上升和消费能力下降。

2. 通货膨胀

物价上涨导致货币购买力下降，影响个人和企业财务状况。

3. 政策调整

税收、利率或产业政策的变化，可能对经济产生不利影响。

4. 国际环境

如贸易摩擦、汇率波动或全球性危机（如疫情），可能对国内经济造成冲击。

二、突破经济困境瓶颈的策略

（一）个人或家庭层面

1. 制定预算与理财规划

通过记录收入和支出，制定合理的预算，控制不必要的开支，并设立储蓄和投资目标。

2. 增加收入来源

通过兼职、副业或技能提升，增加收入来源，缓解经济压力。

3. 优化债务管理

合理规划债务，优先偿还高利率贷款，避免陷入债务危机。

4. 建立应急基金

为应对突发事件，设立应急基金，通常建议储备 3-6 个月的生活费用。

5. 提升理财知识

通过学习理财知识，了解储蓄、投资和风险管理的基本方法，提高财务规划能力。

（二）企业层面

1. 优化成本控制

通过精简运营流程、降低采购成本或提高生产效率，减少不必要的开支。

2. 拓展市场与客户

通过开发新产品、开拓新市场或提升客户服务质量，增加销售额。

3. 加强内部管理

通过优化组织结构、提高员工效率或引入先进的管理工具，提升企业竞争力。

4. 创新与转型

通过技术创新、业务模式转型或数字化转型，适应市场变化并寻找新的增长点。

5. 寻求外部支持

如申请政府补贴、引入战略投资或与合作伙伴建立联盟，获得资金和资源支持。

（三）宏观经济层面

1. 政策支持

政府通过减税、降息或增加公共支出，刺激经济增长和消费需求。

2. 产业升级

通过支持新兴产业、优化产业结构或推动科技创新，提升经济竞争力。

3. 就业保障

通过职业培训、创业支持或灵活就业政策，降低失业率并提高居民收入。

4. 国际合作

通过加强国际贸易、吸引外资或参与全球治理，提升经济抗风险能力。

5. 社会保障

通过完善社会保障体系，如医疗保险、失业保险和养老金制度，减轻个人和家庭的经济负担。

三、改善经济状况的路径

（一）个人或家庭层面

1. 储蓄与投资

通过定期储蓄和合理投资，实现财富的保值增值。

2. 职业发展

通过提升技能、拓展人脉或寻求职业转型，增加收入来源。

3. 消费优化

通过理性消费、减少浪费或选择性价比高的产品，降低生活成本。

4. 保险保障

通过购买医疗保险、意外保险或财产保险，降低突发事件的经济风险。

（二）企业层面

1. 提升竞争力

通过技术创新、品牌建设或客户服务优化，提升市场竞争力。

2. 多元化经营

通过拓展业务领域或开发新产品，降低单一业务的风险。

3. 数字化转型

通过引入数字化工具或开展电子商务，提高运营效率和市场覆盖率。

4. 社会责任

通过履行社会责任，如环保、公益或员工福利，提升企业形象和长期价值。

（三）宏观经济层面

1. 稳定增长

通过促进消费、投资和出口，实现经济的稳定增长。

2. 结构优化

通过支持新兴产业、优化区域经济布局或推动绿色发展，提升经济质量。

3. 金融稳定

通过加强金融监管、防范系统性风险或优化货币政策，维护金融市场的稳定。

4. 社会公平

通过缩小收入差距、改善公共服务或促进教育公平,提升社会整体福利水平。

四、实际案例

(一)个人案例

某位年轻人在经济困境中通过制定预算、减少不必要的开支并开展副业,逐步改善了经济状况。他还通过学习理财知识,将部分收入用于投资,最终实现了财务自由。

(二)企业案例

某家传统制造企业在市场需求下降的情况下,通过优化成本控制、拓展新市场和引入数字化技术,成功实现了转型并恢复了盈利能力。

(三)国家案例

20世纪60年代,韩国经济贫困,资源匮乏。政府通过科学规划,推行"出口导向型"战略,集中发展钢铁、汽车等重工业,并扶持三星、现代等企业。70年代"汉江奇迹"期间,年均GDP增长超10%,产业结构快速升级。1997年亚洲金融危机后,韩国实施金融改革,加强监管,推动科技创新,培育IT和文化产业,经济迅速复苏。通过长期策略性布局,韩国突破资源瓶颈,跻身发达国家行列,展现了科学规划与灵活调整对经济增长的关键作用。

经济困境瓶颈的突破与改善是实现个人、家庭和国家可持续发展的重要途径。通过科学的规划、有效的策略和积极的行动,我们可以有效应对经济困境,实现经济的复苏和增长。经济困境不仅是一种挑战,更是一种机遇。

健康瓶颈的突破与维护

健康是人类生存和发展的基础，也是个人生活质量的重要保障。然而，在现代社会，随着生活节奏的加快、工作压力的增加以及环境污染的加剧，越来越多的人面临着健康瓶颈。这些瓶颈可能表现为慢性疾病、亚健康状态、心理问题等，严重影响了人们的生活质量。

现代生活中，许多人养成了不健康的生活方式，如饮食不规律、缺乏运动、熬夜等。这些不良习惯会导致身体机能下降，免疫力减弱，从而引发各种健康问题。例如，长期高脂肪、高糖分的饮食容易导致肥胖、糖尿病等代谢性疾病；缺乏运动则会导致心肺功能下降，增加心血管疾病的风险。

随着社会竞争的加剧，许多人在工作中承受着巨大的压力。长期的高压状态会导致心理和生理的双重负担，引发焦虑、抑郁等心理问题，甚至诱发高血压、心脏病等身体疾病。工作压力过大还会影响睡眠质量，进一步加剧健康问题。

环境污染是现代社会面临的重大挑战之一。空气污染、水污染、噪音污染等环境问题对人体健康造成直接和间接影响。长期暴露在污染环境中，容易引发呼吸系统疾病、心血管疾病甚至癌症。此外，环境污染还会影响心理健康，导致焦虑、抑郁等情绪问题。

遗传因素也是影响健康的重要因素之一。某些疾病具有明显的遗传倾向，如高血压、糖尿病、癌症等。如果家族中有这些疾病的病史，个体患病的风险会显著增加。遗传因素虽然不可改变，但通过早期筛查和预防，可以有效降低患病风险。

要突破健康瓶颈，首先需要从改善生活方式入手。具体措施包括：

· **合理饮食**：保持均衡的饮食结构，减少高脂肪、高糖分的食物摄入，增加蔬菜、水果、全谷类食物的比例。适量摄入优质蛋白质，如鱼类、豆类等。

- **适量运动**：每周至少进行150分钟的中等强度有氧运动，如快走、游泳、骑自行车等。运动不仅可以增强心肺功能，还能提高免疫力，缓解压力。
- **规律作息**：保持规律的作息时间，避免熬夜，确保每天有7-8小时的睡眠。良好的睡眠有助于身体恢复，增强免疫力。

有效管理压力是突破健康瓶颈的关键。以下是一些管理压力的方法：

- **时间管理**：合理安排工作和生活，避免过度劳累。学会优先处理重要任务，减少不必要的压力。
- **放松技巧**：通过冥想、深呼吸、瑜伽等放松技巧，缓解紧张情绪，保持心理平衡。
- **社交支持**：与家人、朋友保持良好沟通，分享自己的感受。社交支持可以有效缓解心理压力，增强心理韧性。

减少环境污染对健康的影响，需要从个人和社会两个层面入手：

- **个人层面**：尽量减少暴露在污染环境中的时间，如避免在雾霾天外出，使用空气净化器等。同时，减少个人对环境的污染，如减少塑料制品的使用，节约能源等。
- **社会层面**：政府和企业应加强环境保护措施，减少工业污染、交通污染等。通过政策引导和技术创新，推动绿色发展和可持续发展。

对于有遗传倾向的疾病，早期筛查和预防至关重要。定期进行健康检查，及时发现潜在的健康问题，采取相应的预防措施。例如，对于有高血压家族史的人群，应定期监测血压，保持健康的生活方式，必要时在医生指导下服用降压药物。

建立个人健康档案，记录身体健康状况、疾病史、家族病史等信息。通过定期更新健康档案，可以及时发现健康问题，采取相应的干预措施。健康档案还可以为医生提供参考，帮助制定个性化的健康管理方案。

社区健康服务是维护健康的重要环节。通过建立社区健康服务中心，提供健康咨询、体检、慢性病管理等服务，方便居民就近获得健康服务。社区健康服务还可以组织健康讲座、健身活动等，促进居民之间的健康交流。

随着科技的发展，越来越多的健康管理工具和技术应运而生。例如，智能手环、健康 APP 等可以帮助人们实时监测身体健康状况，提供个性化的健康建议。人工智能和大数据技术的应用，可以为健康管理提供更加精准的预测和干预方案。

健康瓶颈的突破与维护是实现个人、家庭和社会可持续发展的重要途径。通过改善生活习惯、缓解心理压力、减少环境污染、定期体检与预防、利用医疗资源，我们可以有效应对健康瓶颈。通过健康教育、政策支持、社区与家庭支持、科技创新与应用，我们可以实现长期的健康维护。健康不仅是一种状态，更是一种生活方式，让我们学会高效应对健康瓶颈。

跨越多重瓶颈的综合策略

在个人成长、职业发展、企业运营甚至国家治理中，多重瓶颈的出现是不可避免的。这些瓶颈可能涉及经济、健康、人际关系、职业发展等多个方面，彼此交织，相互影响，使得突破单一瓶颈变得尤为复杂。跨越多重瓶颈需要系统的思维、综合的策略和持续的行动。

一、多重瓶颈的成因

（一）经济瓶颈

经济瓶颈可能表现为收入不足、成本上升、资源短缺或市场萎缩等问题。例如，个人可能因失业或债务陷入经济困境，企业可能因市场需求下降或成本增加面临经营困难。

（二）健康瓶颈

健康瓶颈包括身体疾病、心理压力、亚健康状态等问题。例如，长期的工作压力可能导致心理问题，不良的生活习惯可能引发慢性疾病。

(三)人际关系瓶颈

人际关系瓶颈可能表现为沟通不畅、信任缺失、冲突频发等问题。例如,家庭矛盾或职场关系紧张可能导致情感困扰和工作效率下降。

(四)职业发展瓶颈

职业发展瓶颈包括技能不足、晋升停滞、职业方向迷茫等问题。例如,个人可能因缺乏新技能难以适应行业变化,企业可能因管理不善导致员工流失。

(五)外部环境瓶颈

外部环境瓶颈包括技术迭代压力、行业竞争加剧、政策变动等。例如,政策调整可能对行业产生不利影响,新兴技术可能使传统企业失去竞争优势。

二、综合策略的制定

(一)系统思维

系统思维是跨越多重瓶颈的基础。通过分析各瓶颈之间的相互关系,制定综合性的解决方案。例如,经济瓶颈可能与职业发展瓶颈相关,通过提升职业技能可以增加收入,缓解经济压力。

(二)优先级排序

根据瓶颈的紧急性和重要性进行优先级排序,集中资源解决关键问题。例如,如果健康瓶颈最为紧迫,应优先采取措施改善健康状况,再逐步解决其他问题。

(三)目标设定

设定清晰、可实现的目标,为跨越多重瓶颈提供方向。例如,可以设定短期目标(如改善健康状况)和长期目标(如实现职业转型),并制定具体的行动计划。

(四)资源整合

整合内外部资源,为跨越多重瓶颈提供支持。例如,个人可以通过学习新技能、寻求职业指导或利用社会资源,提升自身能力;企业可以通过优化管理、引入外部投资或与合作伙伴建立联盟,增强竞争力。

（五）风险管理

识别潜在风险并制定应对措施,降低跨越多重瓶颈的不确定性。例如,可以通过多元化收入来源、建立应急基金或购买保险,降低经济风险;通过定期体检、心理辅导或健康管理,降低健康风险。

三、实施路径

（一）个人层面

1. 经济瓶颈

通过制定预算、增加收入来源、优化债务管理,缓解经济压力。

2. 健康瓶颈

通过改善生活习惯、管理心理压力、定期体检,提升健康水平。

3. 人际关系瓶颈

通过改善沟通技巧、重建信任、有效处理冲突,改善人际关系。

4. 职业发展瓶颈

通过提升技能、明确职业目标、寻求支持,突破职业发展瓶颈。

5. 外部环境瓶颈

通过关注行业趋势、增强抗风险能力、积极应对挑战,适应外部环境变化。

（二）企业层面

1. 经济瓶颈

通过优化成本控制、拓展市场、创新业务模式,提升盈利能力。

2. 健康瓶颈

通过提供健康福利、关注员工心理健康、改善工作环境,提升员工健康水平。

3. 人际关系瓶颈

通过加强团队建设、改善沟通机制、处理内部冲突,提升团队凝聚力。

4. 职业发展瓶颈

通过提供培训机会、优化晋升机制、支持员工职业规划,提升员工职业发展空间。

5. 外部环境瓶颈

通过关注政策变化、增强市场竞争力、推动技术创新，适应外部环境变化。

（三）国家层面

1. 经济瓶颈

通过实施积极的财政政策、支持新兴产业、优化产业结构，促进经济增长。

2. 健康瓶颈

通过完善公共卫生体系、推广健康生活方式、提供医疗保障，提升国民健康水平。

3. 人际关系瓶颈

通过促进社会公平、加强社区建设、推动社会和谐，改善社会关系。

4. 职业发展瓶颈

通过提供职业培训、支持创业就业、优化教育体系，提升国民职业发展能力。

5. 外部环境瓶颈

通过加强国际合作、应对全球挑战、推动科技创新，提升国家竞争力。

四、实际案例

（一）个人案例

某位年轻人在经济困境、健康问题和职业发展瓶颈中，通过制定预算、改善生活习惯、学习新技能并寻求职业指导，逐步突破了多重瓶颈，实现了经济状况的改善、健康状况的提升和职业发展的突破。

（二）企业案例

某家传统企业在市场需求下降、员工流失和技术革新的多重瓶颈中，通过优化成本控制、拓展新市场、提供员工培训和推动数字化转型，成功实现了业务的复苏和员工的职业发展。

(三)国家案例

某国在经济衰退、健康危机和社会矛盾的多重瓶颈中,通过实施积极的财政政策、完善公共卫生体系、促进社会公平和加强国际合作,成功实现了经济的复苏、国民健康水平的提升和社会的和谐稳定。

跨越多重瓶颈的综合策略是实现个人、企业和社会可持续发展的重要途径。通过系统思维、优先级排序、目标设定、资源整合和风险管理,我们可以有效应对多重瓶颈,实现全面突破与可持续发展。多重瓶颈不仅是一种挑战,更是一种机遇。

PART 6

拒绝躺平,再造人生新巅峰

　　真正的挑战并非来自外界的压力,而是我们内心的懈怠与妥协。拒绝躺平,意味着重新点燃对生活的热情,勇敢面对困境,主动寻求突破。

　　人生的巅峰并非一蹴而就,而是通过一次次的选择与努力累积而成。无论过去如何,我们都有能力重塑未来,再造属于自己的辉煌。

　　拒绝躺平,不仅是对自我的承诺,更是对生命的尊重与热爱。让我们一起,以全新的姿态,迎接人生的下一个巅峰!

突破思维枷锁：
从"我不行"到"我可以"

在人生的旅途中，我们常常会遇到各种各样的挑战和困难。面对这些挑战，许多人会被一种无形的思维枷锁所束缚，这种枷锁就是"我不行"的消极心态。这种心态不仅限制了个人的潜能发挥，还阻碍了个人成长和成功。然而，通过突破这种思维枷锁，将"我不行"转变为"我可以"，我们可以重新掌控自己的生活，实现自我超越。

你是否经常对自己说"我不行？"面对挑战时，是否总是下意识地退缩，认为自己能力不足？这些自我否定的想法，就像一副无形的枷锁，束缚着我们的潜能，阻碍着我们前进的脚步。从"我不行"到"我可以"，看似简单的转变，却需要突破根深蒂固的思维枷锁，重塑自我认知，开启人生的无限可能。

"我不行"这三个字，常常像一道无形的枷锁，束缚着我们的思维，限制着我们的行动，甚至决定了我们的人生走向。无论是在学习、工作还是生活中，这种消极的自我暗示都会让我们在面对挑战时退缩，在追求目标时犹豫，甚至在机会来临时选择放弃。然而，当我们意识到这种思维枷锁的存在，并学会突破它时，人生的可能性便会无限扩展。从"我不行"到"我可以"，不仅仅是一种心态的转变，更是一种人生的蜕变。

"我不行"的思维枷锁并非与生俱来，而是在成长过程中逐渐形成的。它可能源于童年时期的一次失败经历，比如考试不及格被父母责备；也可能来自社会环境的影响，比如在学校或职场中遭受的否定和批评。这些经历会让我们逐渐形成一种消极的自我认知，认为自己不够优秀、不够聪明，甚至不值得成功。

PART 6　拒绝躺平，再造人生新巅峰

此外，过高的外部期望也是思维枷锁的重要成因。当父母、老师或领导对我们提出不切实际的要求时，我们可能会感到压力巨大，进而产生"我不行"的自我怀疑。这种怀疑一旦形成，便会在我们心中扎根，成为我们面对挑战时的第一反应。

"我不行"的思维枷锁不仅会限制我们的行动，还会对我们的心理和人生造成深远的影响。

首先，它会让我们失去尝试的勇气。当我们认为"我不行"时，便会本能地逃避挑战，甚至拒绝尝试新的机会。比如，一个认为自己不擅长演讲的人，可能会拒绝参加公司的公开演讲活动，从而错失展示自己能力的机会。

其次，它会让我们陷入自我怀疑的恶性循环。每一次的退缩和失败都会强化"我不行"的认知，让我们更加不敢尝试，最终陷入一种无能为力的状态。

最后，它会限制我们的成长和成功。当我们被"我不行"的思维枷锁束缚时，便无法充分发挥自己的潜能，也无法实现自己的目标和梦想。

突破"我不行"的思维枷锁并非一朝一夕之事，而是需要系统的方法和持续的努力。以下是一些行之有效的策略：

·自我觉察与反思

突破思维枷锁的第一步是意识到它的存在。我们需要通过自我觉察，发现自己在哪些方面被"我不行"的思维所束缚。比如，当我们面对一项新任务时，是否会产生"我做不到"的想法？这种想法是否基于事实，还是仅仅是一种习惯性的自我怀疑？

通过反思，我们可以找到思维枷锁的根源，并逐步改变这种消极的自我认知。

·积极自我对话

语言对思维有着强大的影响力。当我们用"我不行"来否定自己时，便会在潜意识中强化这种认知。相反，如果我们用"我可以"来鼓励自己，便会逐渐建

立起积极的自我信念。

比如，当面对一项新任务时，我们可以对自己说："虽然这个任务有挑战性，但我有能力完成它。"通过这种积极的自我对话，我们可以逐步改变自己的思维模式。

· 设定小目标

"我不行"的思维枷锁往往源于对失败的恐惧。为了克服这种恐惧，我们可以从设定小目标开始。小目标不仅更容易实现，还能帮助我们逐步建立自信。

比如，如果我们的长期目标是成为一名优秀的演讲者，可以先从在小组会议上发言开始，逐步过渡到在更大的场合演讲。每一次的成功都会让我们更加相信"我可以"。

· 寻求支持与反馈

突破思维枷锁并不是一个人的战斗。我们可以通过寻求他人的支持与反馈，获得更多的鼓励和指导。比如，可以向家人、朋友或导师倾诉自己的困惑，听取他们的建议；也可以加入相关的社群或小组，与志同道合的人一起成长。

· 学习与成长

很多时候，"我不行"的思维枷锁源于能力的不足。通过学习与成长，我们可以不断提升自己的能力，从而打破这种枷锁。比如，如果我们的目标是提升演讲能力，可以通过阅读相关书籍、参加培训课程或观看优秀演讲者的视频来学习。

· 正面榜样

寻找正面榜样是突破思维枷锁的有效方法。我们可以通过观察那些从"我不行"转变为"我可以"的人，学习他们的经验和策略。比如，可以阅读名人传记，了解他们是如何克服困难、实现目标的。

· 心理辅导

如果思维枷锁已经严重影响了我们的生活，可以考虑寻求心理辅导。专业的

PART 6　拒绝躺平，再造人生新巅峰

心理咨询师可以帮助我们深入分析思维枷锁的根源，并制定针对性的解决方案。

突破思维枷锁的过程，就是一场从"我不行"到"我可以"的蜕变。这种蜕变不仅会改变我们的思维方式，还会重塑我们的人生。

・**重获自信**

当我们从"我不行"转变为"我可以"时，便会重新找回自信。这种自信不仅会让我们更加勇敢地面对挑战，还会让我们更加积极地追求自己的目标。

・**发现潜能**

突破思维枷锁后，我们会发现自己原来拥有如此多的潜能。这些潜能可能隐藏在我们从未尝试过的领域，也可能存在于我们一直忽视的角落。

・**实现目标**

当我们相信"我可以"时，便会更加坚定地朝着自己的目标前进。无论是学习、工作还是生活中的目标，都会因为我们的积极心态而变得更加触手可及。

・**拥抱更广阔的人生**

从"我不行"到"我可以"的转变，不仅会改变我们的思维方式，还会让我们的人生变得更加广阔。我们会更加愿意尝试新事物，更加勇敢地面对未知，更加积极地追求自己的梦想。

"我不行"的思维枷锁曾经束缚了无数人的潜能，但它并非不可打破。通过自我觉察、积极自我对话、设定小目标、寻求支持、学习与成长、寻找正面榜样以及心理辅导，我们可以逐步突破这种枷锁，实现从"我不行"到"我可以"的蜕变。

这种蜕变不仅会让我们重获自信，还会让我们发现自己的潜能，实现自己的目标，拥抱更广阔的人生。让我们从今天开始，打破"我不行"的思维枷锁，用"我可以"的信念去迎接每一个挑战，去创造属于自己的精彩人生！

逃避还是觉醒：
持续成长与突破的信念坚守

在人生的旅途中，我们常常会面临一个重要的选择：是逃避困难，还是觉醒并坚守持续成长与突破的信念？这个选择不仅决定了我们面对挑战的态度，也塑造了我们的人生轨迹。逃避看似是一种自我保护的方式，但它往往会让我们陷入停滞和遗憾；而觉醒则意味着直面困难，勇于突破自我，从而实现真正的成长。

在这个充满不确定性的时代，"逃避"似乎成为一种普遍的心理状态。人们逃避现实的压力，逃避内心的恐惧，逃避成长的阵痛。社交媒体上充斥着"躺平"与"佛系"的论调，仿佛逃避已经成为了一种时尚。但在这股逃避主义的浪潮之下，我们是否应该停下来思考：逃避真的能解决问题吗？当我们选择逃避时，我们究竟在逃避什么？

逃避的本质是对现实的拒绝，是对自我成长的放弃。它像一剂麻醉药，暂时缓解了我们的焦虑，却让问题在暗处不断发酵。而觉醒，则意味着直面现实的勇气，意味着对自我成长的承诺。觉醒不是一蹴而就的顿悟，而是一个持续的过程，需要坚定的信念和不懈的努力。

现代社会的快节奏和高压力，为逃避提供了肥沃的土壤。人们沉迷于短视频、网络游戏、社交媒体，用即时的快感麻痹自己。职场中的"摸鱼文化"，生活中的"摆烂心态"，都是逃避的不同表现形式。这些行为看似无害，实则正在侵蚀我们的生命力和创造力。

逃避带来的短暂安慰背后，是巨大的机会成本。每一次逃避，都是对成长机会的放弃。当我们选择逃避时，我们不仅错过了解决问题的机会，更错过了自我

PART 6 拒绝躺平,再造人生新巅峰

突破的可能。长期逃避会导致能力退化、信心丧失,最终陷入恶性循环。

心理学研究表明,逃避行为会强化我们的无助感。每一次逃避,都在潜意识中加深"我无法应对"的信念。这种信念会形成心理定势,影响我们面对其他挑战时的态度和行为。

觉醒始于自我认知的深化。它要求我们诚实地面对自己的优点和不足,理解自己的恐惧和渴望。这种自我认知不是简单的标签化,而是深入的、多维度的自我探索。只有真正了解自己,才能找到突破的方向。

突破舒适区是觉醒的必经之路。舒适区就像一个温暖的茧,提供安全感却限制成长。觉醒意味着主动打破这个茧,即使过程充满不适和痛苦。每一次突破舒适区的经历,都是对自我认知的更新和能力的提升。

持续学习是觉醒的燃料。在知识快速迭代的今天,停止学习就意味着被时代抛弃。觉醒者保持着终身学习的态度,不断更新知识储备,提升认知水平。这种学习不仅是知识的积累,更是思维方式的升级。

信念是支撑我们持续成长的内在力量。它不是盲目的乐观,而是基于对自我和现实的深刻理解。坚定的信念能帮助我们在面对挫折时保持方向,在遭遇困难时找到力量。

在追求成长的道路上,挫折和失败是不可避免的。信念坚守者不是没有恐惧和怀疑,而是能够在恐惧和怀疑中继续前进。他们理解失败的价值,将其视为成长的机会而非终点。

建立正向循环是信念坚守的关键。每一次小的成功都会强化我们的信念,而坚定的信念又会推动我们取得更大的成功。这种正向循环的形成,需要持续的努力和正确的方法。

设定清晰的目标是觉醒的第一步。目标不仅指明方向,还提供衡量进步的标

尺。有效的目标应该是具体的、可衡量的、可实现的、相关的和有时限的。

培养成长型思维模式至关重要。这种思维模式相信能力可以通过努力提升，将挑战视为学习机会，将失败看作反馈而非定论。成长型思维模式能帮助我们更好地应对挫折，保持持续进步的动力。

构建支持系统是觉醒的重要保障。这个系统包括导师、同伴、家人等，他们提供情感支持、经验分享和建设性反馈。良好的支持系统能增强我们的抗压能力，帮助我们保持前进的动力。

在这个充满挑战的时代，选择逃避还是觉醒，决定了我们的人生轨迹。逃避带来暂时的安逸，却以长远的成长为代价；觉醒虽然充满挑战，却通向真正的自由和成就。持续成长不是一条容易的路，但正是这条路上的坚持和突破，定义了我们是谁，决定了我们能成为谁。

信念的坚守不是固执，而是对自我价值的确认。它让我们在迷茫时找到方向，在困境中看到希望。每一次选择觉醒而非逃避，都是对生命的尊重，对潜能的释放。

成长是一场没有终点的旅程，觉醒是这场旅程的起点。当我们选择直面而非逃避，选择突破而非停滞，我们就在书写属于自己的传奇。这不仅是对个人的挑战，更是对时代的回应。在这个充满可能性的时代，唯有持续成长，才能不负此生。

逃避还是觉醒，是我们在人生中必须面对的选择。逃避虽然能带来短暂的舒适，但它往往会让我们陷入停滞和遗憾；而觉醒则意味着直面困难，勇于突破自我，从而实现真正的成长。

持续成长与突破的信念坚守，是实现人生目标的关键。通过明确目标与方向、培养自律与毅力、接受失败与挫折、寻求支持与反馈、保持积极心态，我们可以在面对困难时坚定地选择觉醒，并不断突破自我，实现持续成长。

让我们从今天开始，打破逃避的惯性，选择觉醒，并坚守持续成长与突破的信念。

PART 6　拒绝躺平，再造人生新巅峰

点燃内心渴望：
找到你的"人生北极星"

在人生的旅途中，我们常常会感到迷茫和困惑，不知道自己该往哪个方向前进，也不知道自己的目标究竟是什么。这种迷茫不仅让我们感到焦虑和不安，还会让我们失去前进的动力。

在浩瀚的人生海洋中，我们每个人都是一艘航行的船。有时风平浪静，有时波涛汹涌，但无论何时，我们都需要一个指引方向的灯塔，一个让我们在迷茫时依然能够坚定前行的目标。这个目标，就是我们的"人生北极星"。它不仅仅是梦想的代名词，更是内心深处最真实的渴望，是我们愿意为之奋斗终生的使命。

然而，当我们找到自己的"人生北极星"——那个能够点燃内心渴望、指引我们前进的目标时，我们便会重新找到方向，并充满力量地朝着目标迈进。

在这个信息爆炸的时代，人们比任何时候都更容易迷失方向。社交媒体上充斥着各种成功人生的模板，短视频平台不断推送着令人眼花缭乱的生活方式，职场中此起彼伏的"内卷"让人疲于奔命。在这样的环境中，找到属于自己的"人生北极星"显得尤为重要。这不仅仅是一个简单的目标设定，而是一个关乎生命意义和价值实现的根本性问题。当我们能够清晰地看到自己的"北极星"，就能在纷繁复杂的世界中保持定力，在充满不确定性的时代中找到确定的方向。

现代人普遍面临着严重的方向感缺失。调查显示，超过 60% 的职场人士对自己的职业发展感到迷茫，近半数的年轻人表示不知道自己真正想要什么。这种普遍性的迷失，源于社会价值观的多元化、信息过载带来的选择困难，以及快节奏生活导致的内省缺失。

物质生活的丰富并没有带来相应的精神满足。相反，在物质追求的过程中，人们往往忽视了内心真实的需求。社交媒体上精心修饰的生活展示，加剧了人们的焦虑感和不满足感。这种外在追求与内在需求的割裂，造成了现代人普遍的精神困境。

寻找人生方向的重要性不言而喻。它不仅关系到个人的幸福感，更影响着整个社会的精神面貌。一个没有方向感的人，就像一艘没有罗盘的船，随时可能被时代的浪潮吞没。

"人生北极星"不是具体的目标，而是指引方向的永恒坐标。它不同于短期的职业规划或生活目标，而是一个人内心深处最根本的价值追求。这个坐标可能是一种生活态度，一种价值理念，或者一种精神追求。

价值观在人生导航中起着决定性作用。它决定了我们如何看待成功，如何定义幸福，如何选择人生道路。真正的"北极星"应该能够经受住时间和环境的考验，在人生的不同阶段都能提供清晰的指引。

找到真正的"北极星"需要深刻的自我认知。这不是一蹴而就的过程，而是需要持续的自我探索和反思。通过不断审视自己的选择、感受和反应，我们才能逐渐看清内心真正的渴望。

自我认知是寻找方向的基础。我们需要诚实地面对自己的优点和不足，理解自己的兴趣和热情所在。这个过程可能充满挑战，但却是不可或缺的。

在探索过程中，我们需要学会区分社会期待和真实自我。社会常常给人们设定各种标准和期待，但真正的"北极星"必须来自内心深处最真实的声音。这需要勇气和智慧，去倾听并追随内心的召唤。

在寻找"人生北极星"的过程中，我们需要学会倾听内心的声音。内心的渴望往往是最真实、最有力的指引。比如，当我们在做某件事情时，如果感到无比

PART 6　拒绝躺平，再造人生新巅峰

兴奋和满足，那么这件事很可能就是我们的"人生北极星"。

他人的反馈可以帮助我们更好地认识自己，找到自己的"人生北极星"。我们可以与家人、朋友或导师交流，听取他们的建议和意见。比如，可以这样问："你觉得我擅长什么？""你觉得我适合做什么？"这些问题可以帮助发现自身潜力和兴趣。

建立个人价值体系是一个渐进的过程。我们可以从小的选择开始，逐步明确自己的价值排序。在这个过程中，保持开放和灵活的心态很重要，因为我们的认知会随着经历和成长而不断深化。

在这个快速变化的时代，找到自己的"人生北极星"比任何时候都更重要。它不是固化的目标，而是动态的指引。当我们能够清晰地看到自己的"北极星"，就能在人生的航程中保持定力，在时代的浪潮中把握方向。这不仅关乎个人的幸福，更是实现生命价值的必由之路。让我们放慢脚步，倾听内心的声音，找到属于自己的永恒坐标，在不确定的世界中走出确定的精彩人生。

"人生北极星"是我们内心的指南针，它指引我们前进的方向，点燃我们内心的渴望。通过自我反思、探索与尝试、倾听内心的声音、寻求他人的反馈，我们可以找到自己的"人生北极星"；通过设定目标、制定计划、培养自律与毅力、寻求支持与反馈、保持积极心态，我们可以实现自己的"人生北极星"。

让我们从今天开始，点燃内心渴望，找到并实现自己的"人生北极星"。

培养核心技能：
打造你的"核心竞争力"

在当今快速变化和高度竞争的社会中，个人和职业成功越来越依赖于我们是否具备独特的、难以被替代的能力。这种能力，通常被称为"核心竞争力"，不仅决定了我们在职场中的位置，还影响了我们实现个人目标和梦想的可能性。因此，培养和提升核心技能已成为每个人必须重视和持续投入的重要任务。

核心竞争力能够显著提升个人的市场价值和职业发展潜力。无论是在职场中还是生活中，拥有核心技能的人往往更受欢迎，也更容易获得成功。在快速变化的环境中，核心竞争力能够帮助我们更好地适应变化，抓住新的机会。比如，具备数字化技能的人能够更轻松地适应智能化转型的趋势。

一、核心竞争力的定义及其重要性

核心竞争力是指个人或组织在特定领域内所具备的独特优势，这种优势难以被竞争对手模仿或超越。对于个人而言，核心竞争力可以体现在专业技能、创新能力、沟通技巧、领导力等多个方面。在职业发展中，拥有强大的核心竞争力意味着你能够在激烈的竞争中脱颖而出，获得更多的机会和资源。

核心竞争力不仅有助于职业发展，还对个人成长具有重要意义。它能够增强自信心，提升自我价值感，使我们在面对挑战和困难时更加从容和坚定。此外，核心竞争力还能够为我们带来更多的成就感和满足感，使我们在追求个人目标和梦想的过程中更加顺利和高效。

二、识别和评估现有技能

要培养核心竞争力，首先需要识别和评估自己现有的技能。自我评估是一个

PART 6 拒绝躺平，再造人生新巅峰

重要的起点，通过反思自己的职业经历、教育背景和个人兴趣，可以初步确定自己具备哪些技能。此外，寻求他人的反馈也是识别技能的有效方法。同事、上司、朋友和家人可能会从不同的角度提供有价值的见解，帮助我们更全面地了解自己的优势和不足。

在识别现有技能的基础上，还需要对这些技能进行评估。评估的标准可以包括技能的熟练程度、应用范围、市场需求等多个方面。通过评估，我们可以确定哪些技能已经具备一定的竞争力，哪些技能还需要进一步提升。同时，评估结果还可以为我们制定技能提升计划提供依据，确保我们在培养核心竞争力的过程中能够有的放矢，事半功倍。

三、确定需要培养的核心技能

在识别和评估现有技能之后，下一步就是确定需要培养的核心技能。这一过程需要结合个人的职业目标、行业趋势和市场需求来进行综合考虑。

明确职业目标是确定核心技能的基础。不同的职业目标对技能的要求各不相同。例如，如果你的目标是成为一名优秀的管理者，那么领导力、沟通技巧和团队协作能力将是你的核心技能；如果你的目标是成为一名技术专家，那么专业技能、创新能力和问题解决能力将是你需要重点培养的方面。因此，明确职业目标有助于我们更有针对性地选择需要培养的核心技能。

关注行业趋势和市场需求也是确定核心技能的重要依据。随着科技的进步和社会的发展，许多新兴行业和职业不断涌现，这些行业和职业对技能的要求也在不断变化。通过关注行业趋势和市场需求，我们可以及时了解哪些技能正在变得重要，哪些技能可能会被淘汰。例如，在数字化和智能化趋势的推动下，数据分析、人工智能和编程等技能正在成为许多行业的核心需求。因此，结合行业趋势和市场需求来确定核心技能，可以确保我们所培养的技能具有前瞻性和实用性。

四、核心技能的培养方法

（一）明确目标与方向

培养核心技能的第一步是明确目标与方向。我们需要根据自己的兴趣、职业规划和市场需求，确定需要培养的核心技能。

比如，如果我们的职业目标是成为一名数据分析师，那么数据分析、编程和统计学就是我们需要培养的核心技能。

（二）制定详细计划

明确目标后，我们需要制定详细的培养计划。计划应包括具体的学习内容、时间安排和资源需求。

比如，可以设定每天学习1小时数据分析知识，每周完成一个数据分析项目，并逐步提高难度。

（三）持续学习与实践

核心技能的培养需要持续的学习与实践。我们可以通过阅读书籍、参加培训、观看视频等方式学习理论知识，并通过实践项目、实习或工作积累经验。

比如，可以通过参加在线课程学习编程知识，并通过实际项目练习编程技能。

（四）寻求反馈与改进

在培养核心技能的过程中，我们需要不断寻求反馈，并根据反馈进行改进。反馈可以来自导师、同事、朋友或用户。

比如，可以请导师或同事评估自己的数据分析报告，并根据他们的建议进行改进。

（五）培养跨领域能力

在当今复杂的环境中，跨领域能力越来越重要。我们需要培养多种核心技能，并将它们结合起来，形成独特的竞争力。

比如，除了数据分析技能，还可以培养沟通能力、项目管理能力等，从而在职场中占据更大的优势。

(六)保持好奇心与创新精神

培养核心技能需要保持好奇心与创新精神。我们需要不断探索新的知识和技能，并尝试将其应用到实际中。

比如，可以通过参加行业会议、阅读前沿论文等方式，了解最新的技术趋势，并尝试将其应用到自己的工作中。

培养核心技能，打造核心竞争力，是实现个人和职业发展的重要途径。通过明确目标与方向、制定详细计划、持续学习与实践、寻求反馈与改进、培养跨领域能力、保持好奇心与创新精神，我们可以有效培养核心技能，打造属于自己的核心竞争力。通过持续学习与成长、定期评估与调整、建立支持网络、保持积极心态、培养健康的生活方式，我们可以长期维护核心竞争力，实现持续发展。

让我们从今天开始，培养核心技能，打造核心竞争力。

构建支持系统：
寻找你的"人生加油站"

在人生的旅途中，我们每个人都会面临各种各样的挑战和困难。无论是职业压力、人际关系的困扰，还是成长中的迷茫，这些都可能导致我们感到疲惫和无力。在这样的时刻，拥有一个强大的支持系统就显得尤为重要。支持系统不仅能够在我们遇到困难时提供帮助和鼓励，还能在我们取得成功时分享喜悦和成就感。

在现代社会，生活的节奏越来越快，压力也随之增加。无论是工作、学习还是家庭生活，每个人都会遇到各种各样的挑战和困难。面对这些挑战，单靠个人的力量往往难以应对。因此，构建一个强大的支持系统，寻找你的"人生加油站"，显得尤为重要。

一、什么是支持系统？

支持系统是指由个人、组织或社区提供的各种资源和帮助，旨在帮助个体应对生活中的压力和挑战。支持系统可以包括以下几个方面：

- **情感支持**：来自家人、朋友、同事或专业心理咨询师的情感关怀和鼓励。
- **信息支持**：提供有用的信息和建议，帮助个体做出明智的决策。
- **工具支持**：提供实际的帮助，如财务支持、物质援助或技术支持。
- **社交支持**：通过社交活动和互动，帮助个体建立和维持社会关系，增强归属感。

二、为什么需要支持系统？

- **缓解压力**：面对生活中的压力，支持系统可以提供情感上的安慰和实际的帮助，从而减轻个体的压力感。
- **增强韧性**：支持系统可以帮助个体在面对挫折和困难时，保持积极的心态，增强心理韧性。
- **提高幸福感**：良好的支持系统可以增强个体的幸福感，提升生活质量。
- **促进个人成长**：通过与他人的互动和交流，个体可以获得新的视角和见解，促进个人成长和发展。

三、如何构建支持系统？

（一）识别和利用现有资源

首先，我们需要识别自己现有的支持资源。这些资源可能包括：

- **家人和亲戚**：他们通常是最亲近的人，能够提供情感和实际的支持。
- **朋友和同事**：他们可以提供社交支持和信息支持，帮助我们在工作和生活中找到平衡。
- **社区和组织**：加入社区组织或志愿者团体，可以扩大社交圈子，获得更多的支持和资源。

- **专业服务**：如心理咨询师、职业顾问等，可以提供专业的建议和帮助。

（二）主动建立和维护关系

构建支持系统需要主动出击，建立和维护各种关系。以下是一些具体的方法：

- **保持联系**：定期与家人、朋友和同事保持联系，分享生活中的喜怒哀乐。
- **积极参与社交活动**：参加各种社交活动，如聚会、俱乐部活动等，扩大社交圈子。
- **提供帮助**：在他人需要帮助时，主动伸出援手，建立互惠互利的关系。
- **表达感激**：对他人的帮助和支持表达感激之情，增强彼此的关系。

（三）寻求专业帮助

在面对严重的心理或情感问题时，寻求专业帮助是非常重要的。心理咨询师、职业顾问等专业人士可以提供专业的建议和支持，帮助我们更好地应对生活中的挑战。

（四）利用科技和网络资源

现代科技和网络为我们提供了丰富的资源，可以帮助我们构建支持系统。以下是一些具体的建议：

- **社交媒体**：通过社交媒体平台，与朋友和家人保持联系，分享生活中的点滴。
- **在线社区**：加入各种在线社区和论坛，与志同道合的人交流，获得信息和支持。
- **应用程序**：使用各种健康、心理支持类应用程序，如冥想应用、心理咨询应用等，获取专业的帮助和建议。

四、如何从支持系统中获取力量？

（一）开放心态

首先，我们需要保持开放的心态，愿意接受他人的帮助和支持。不要因为害怕麻烦他人或担心被拒绝而封闭自己。开放的心态可以帮助我们更好地利用支持系统，获取力量。

（二）积极沟通

在获取支持时，积极沟通是非常重要的。我们需要清晰地表达自己的需求和感受，让他人了解我们的处境和需要。同时，我们也需要倾听他人的意见和建议，从中获取启发和帮助。

（三）建立信任

信任是支持系统的基础。我们需要通过真诚和可靠的行为，建立和维护与他人的信任关系。信任可以增强支持系统的稳定性，使我们更容易获取帮助和支持。

（四）自我反思

在获取支持的过程中，我们需要进行自我反思，了解自己的需求和不足。通过自我反思，我们可以更好地利用支持系统，找到适合自己的帮助和支持。

五、支持系统的持续维护

支持系统并不是一成不变的，它需要持续的维护和更新。以下是一些具体的建议：

- **定期评估**：定期评估自己的支持系统，了解哪些资源是有效的，哪些需要改进或补充。
- **更新关系**：随着时间的推移，我们的需求和关系可能会发生变化。我们需要及时更新和调整自己的支持系统，确保其与当前的需求相匹配。
- **应对变化**：在面对生活中的重大变化时，如搬家、换工作等，我们需要重新评估和调整自己的支持系统，确保其能够应对新的挑战。

六、案例分析

案例一：小王的支持系统

小王是一名职场新人，面对工作中的压力和挑战，他感到非常焦虑和无助。为了应对这些压力，小王开始构建自己的支持系统。他首先与家人和朋友保持密切联系，分享自己的感受和困惑。同时，他加入了公司的员工互助小组，与同事们交流经验,获得信息支持。此外,小王还定期参加心理咨询,获取专业的建议和帮助。通过这些努力,小王逐渐缓解了压力,增强了心理韧性,工作表现也得到了提升。

案例二:李女士的支持系统

李女士是一名全职妈妈,面对繁重的家务和育儿压力,她感到非常疲惫和孤独。为了应对这些挑战,李女士开始构建自己的支持系统。她加入了社区妈妈互助小组,与其他妈妈们交流育儿经验,获得情感和实际支持。同时,李女士还利用网络资源,加入各种育儿论坛和社交媒体群组,获取更多的信息和支持。此外,李女士还定期参加社区组织的亲子活动,扩大社交圈子,增强归属感。通过这些努力,李女士逐渐找到了生活的平衡,增强了幸福感。

构建支持系统,寻找你的"人生加油站",是应对生活压力和挑战的重要策略。通过识别和利用现有资源、主动建立和维护关系、寻求专业帮助、利用科技和网络资源,我们可以构建一个强大的支持系统。同时,通过开放心态、积极沟通、建立信任和自我反思,我们可以从支持系统中获取力量和支持。最后,持续的维护和更新支持系统,确保其与当前的需求相匹配,是保持支持系统有效性的关键。希望本文的探讨和建议,能够帮助你构建自己的支持系统,找到你的"人生加油站",更好地应对生活中的各种挑战和困难。

享受奋斗过程:
在追求目标的过程中找到快乐

在现代社会,人们常常被目标导向的思维所驱动,追求成功、财富、地位等外在的成就。然而,过度关注结果往往会让我们忽视奋斗的过程,甚至陷入焦虑和压力之中。事实上,奋斗的过程本身就是一种宝贵的体验,它不仅能帮助我们成长，还能带来深层次的满足感和快乐。

生命的意义不在于最终到达何处，而在于我们如何在追求目标的过程中绽放光彩。奋斗是人生永恒的主题，它不仅是我们实现理想的必经之路，更是我们体验生命、感受成长的重要途径。在这个充满挑战与机遇的时代，学会享受奋斗的过程，在追求目标的过程中找到快乐，已经成为现代人必须掌握的生活智慧。

人类天生具有追求进步的本能。从原始社会到现代文明，正是这种不懈追求推动着人类社会不断向前发展。马斯洛需求层次理论指出，自我实现是人类最高层次的需求，而奋斗正是实现这一需求的必经之路。

在奋斗过程中，我们能够清晰地感受到自己的成长与进步。每一次克服困难后的喜悦，每一次突破自我后的成就感，都是生命给予我们的最好馈赠。这种成长不仅体现在能力的提升上，更体现在心智的成熟和人格的完善上。

奋斗赋予生命特殊的意义。当我们全身心投入某个目标时，生命就会焕发出独特的光彩。正如尼采所说："一个人知道自己为什么而活，就可以忍受任何一种生活。"奋斗让我们找到生命的支点，让平凡的日子变得充满意义。

要享受奋斗的过程，首先需要建立正确的目标观。目标不是束缚我们的枷锁，而是指引我们前进的灯塔。我们要学会在追求目标的过程中发现乐趣，而不是把目标当作唯一的追求。

在奋斗过程中体验心流状态是最高境界。当我们全神贯注于某项任务时，就会进入一种忘我的状态，时间仿佛静止，内心充满愉悦。这种状态不仅能提高工作效率，更能带来深层次的满足感。

将挑战视为机遇是享受奋斗的关键。相信每一个困难都是成长的机会，每一次挫折都是磨炼自己的机会。当我们以积极的心态面对挑战时，就能在克服困难的过程中获得快乐。

PART 6　拒绝躺平，再造人生新巅峰

自我突破带来的成就感是最纯粹的快乐。当我们超越自我，完成曾经认为不可能的任务时，那种喜悦是任何外在奖励都无法比拟的。这种成就感会激励我们继续前进，形成良性循环。

能力提升带来的满足感是持久的快乐源泉。在奋斗过程中，我们不断学习新知识，掌握新技能，这种成长带来的满足感会让我们对生活充满热情。

人际关系深化带来的幸福感是奋斗过程中的意外之喜。在共同奋斗的过程中，我们与他人建立深厚的情谊，这种情感连接会让我们的生命更加丰富。

奋斗是自我价值实现的最佳途径。通过奋斗，我们不仅能够实现个人理想，更能为社会创造价值。每个人的奋斗都在为人类文明添砖加瓦，这种贡献让我们的生命更有意义。

个人奋斗与社会进步密不可分。当我们为个人目标奋斗时，也在推动社会向前发展。这种双重价值的实现，让我们的奋斗更有意义。

奋斗精神具有永恒的价值。无论时代如何变迁，奋斗永远是推动个人和社会进步的核心动力。传承和发扬奋斗精神，是我们对生命最好的礼赞。

生命因奋斗而精彩，人生因追求而充实。在这个充满可能性的时代，让我们以积极的心态拥抱奋斗，在追求目标的过程中体验成长的快乐，绽放生命的光彩。记住，真正的成功不在于最终到达何处，而在于我们如何在奋斗的过程中书写属于自己的精彩人生。让我们携手前行，在奋斗的道路上互相鼓励，共同创造更加美好的未来。

享受奋斗过程，是一种积极的生活态度，也是一种智慧。通过设定有意义的目标、关注当下、培养积极的心态、寻找过程中的乐趣、进入"心流"状态和学会平衡，我们可以在追求目标的过程中找到快乐。同时，学会在逆境中享受奋斗过程，可以帮助我们更好地应对挑战，培养坚韧的心态。希望这里的探讨和建议，

能够帮助你在奋斗的过程中找到快乐，享受生活的每一刻。记住，人生的意义不仅在于结果，更在于过程中的成长和体验。